Seadove

Seadove

這些信件的價值，
比洛克菲勒家族的全部財富還要寶貴！

最新
全譯

洛克菲勒寫給兒子的38封信

John Davison Rockefeller
約翰・戴維森・洛克菲勒 ◎
龍婧 葉盈如 ◎

企業家的世紀聖經

傑克・威爾許：「洛克菲勒寫給他兒子的信件，對我來說意義非凡
我現在在管理上遇到的難題，沒想到他已經在一個世紀以前就輕
化解了。」

華倫・巴菲特：「沒有一個人可以像洛克菲勒那樣，對我的投資
生產生如此大的影響！我坦誠地說，我的投資哲學全部都是建立
洛克菲勒的睿智之上。」

比爾・蓋茲：「洛克菲勒的創業精神，永遠是激勵我前進的偉大動力
我的許多設想，包括在我的慈善基金裡，都有洛克菲勒的影子。」

他沒有背景，沒有資金，
但是他建立了一個強大的石油王國。
他的家族綿延了七代，
至今仍然是世界上最富有的家族之一

洛克菲勒不僅僅在教導兒子如何賺錢，
更重要的是，他告訴我們怎樣為自己創造更多價

前言

約翰・戴維森・洛克菲勒是美國商業史上第一個億萬富翁。洛克菲勒雖然出身貧寒，但他卻雄心勃勃，立志成為當時世界上最富有的人。

他開創了史無前例的聯合事業——以「托拉斯」這個極易聚集財富的結構，使標準石油公司兩年後成為全世界最大的石油集團企業，而洛克菲勒本人也成為蜚聲海內外的「石油大王」。

洛克菲勒的創業史在美國早期富豪中頗具代表性。他是個異常冷靜、精明、富有遠見的人，憑藉其獨有的魄力和手段，一步步建立起龐大的商業帝國。**洛克菲勒說：「如果把我剝得一無所有丟在沙漠的中央，只要一行駝隊經過——我就可以重建整個王朝。」**

企業家的世紀聖經

本書是約翰・戴維森・洛克菲勒寫給他的兒子小約翰・戴維森・洛克菲勒的私人信件，並且是不願意公開的、遺囑形式的貴重收藏品。信件中透露了許多洛克菲勒家族的商業秘密與經營智慧，絕對是一本用來培養偉大企業家的絕無僅有的絕佳教材。

洛克菲勒這些信件的價值，正如艾倫・葛林斯潘所說：「比洛克菲勒家族富可敵國的全部財富還要寶貴。」

目錄

洛克菲勒
寫給兒子的38封信

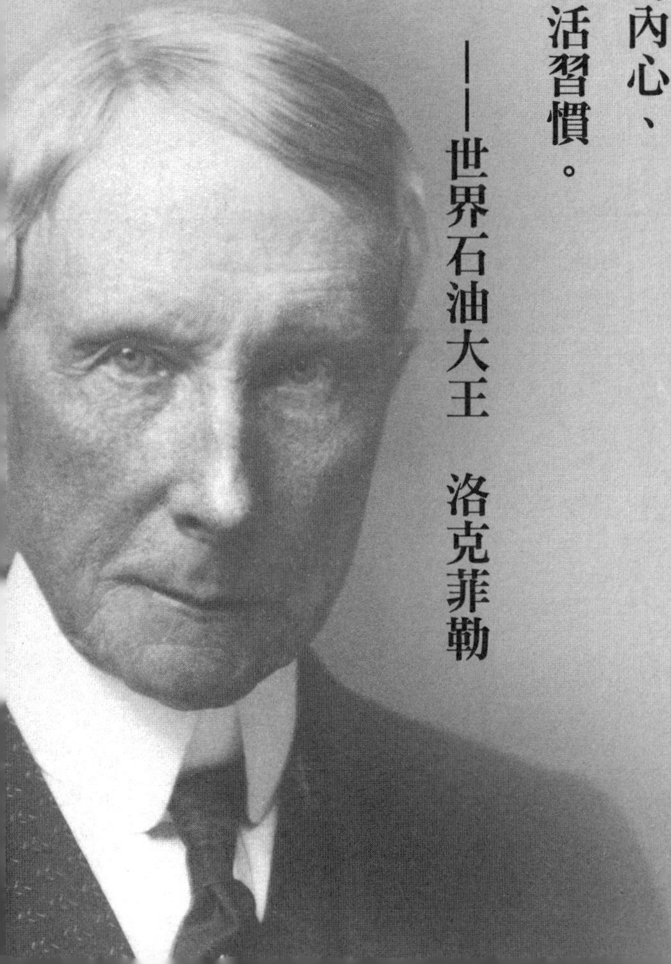

可以帶給孩子一生幸福的不是金錢，
而是完整的人格、強大的內心、
精神上的富足、良好的生活習慣。

——世界石油大王　洛克菲勒

第一封信：人生第一步

生命的價值不在於時間的長短，而在於怎樣利用這段時間；一個人可以活得很久，卻從生命中一無所獲；生命帶給人的滿足不是取決於它的長短，而是取決於人的意志。

親愛的小約翰：

我親愛的兒子，我的驕傲，在你二十歲生日到來之際，我寄給你二十美元，還有我和你母親的愛。我們都為你感到無比的驕傲，因為你的前程和你的生命給了我們信心。不只是我們，還有你所有的朋友與熟人，這比世上所有的財富都更有價值。

時間過得真快啊！彷彿昨天你還是一個嬰兒，今天卻已經是一個朝氣蓬勃的年輕人了。因此，你應該珍惜時間，為自己的將來做好準備。因為生命的價值不在於時間的長短，而在於怎樣利用這段時間；一個人可以活得很久，卻從生命中一無所獲；生命帶給人的滿足不是取決於它的長短，而是取決於人的意志。

約翰，你在布朗的這四年使你改變了許多，你一直是我們的驕傲。你學習刻苦認真，持之以恆，完全可以成為卓越學生聯誼會的會員。儘管我不善於直接向你表達感情，但我相信你從我寫給你的許多信中，已經深深感受到了這一點。

讓我和你母親欣慰的是：你在生活習慣上，不吸菸、不喝酒、不玩牌、不去舞廳；在花錢上也非常節制，嚴格地堅守我們家族愛記帳的好習慣。和與你同年齡的人相比，你在這一點上是令我萬分自豪的。說到這裡，我不由得想起休伊特的兒子喬治，他和你同齡，但與他買下一整列私人火車的揮霍行為和放浪形骸的生活作風相比，孩子，你近乎完美。

然而與我不同的是，你的自信心只是一朵嬌嫩的花，很容易凋零，如果有人指責你，你馬上就會張口結舌。你算不上是個學者，但卻總是很努力地學習，以免受人指責。你一向很靦腆，但是這不妨礙你受人尊重，你正在變得更加合群、更有自信。

你從出生那一刻起就給我們帶來了無比的快樂和驕傲，但任何時候也比不上此刻更讓我們為有你這樣一個兒子而感到滿足——我們在看你的來信時，我和你母親常常高興得熱淚盈眶，你的信令我們感到多麼開心和自豪。

你上次回信說：「人們都說兒子必定會勝過父親，但是如果我能有您一半的慷慨、無私和善良的情感來對待我的同胞，我就不會感到我的生活沒有意義了。幫助你是我首要的責任，也是今後我的快樂所在，讓我以何種身分擔任何種職務都行，只要您覺得合適。」

看來，你已經做好了繼承我龐大產業的準備。這一點，是最令我感到欣慰的。但你說你現在很苦惱，整天在為將來具體從事什麼職業發愁，你不知道自己是否能勝任一個管理者的角色而苦惱。

其實，這是任何一個人都會遇到的問題。我想告訴你當年我求職的故事。那時候，我沒有多大的選擇餘地，只要能找到一份工作就會很滿足。我找到工作的那一天，絕對是一個可以記入我人生傳記中最偉大的重要日子，我邁出了人生的第一步。

在此之前我還在想：「雖然水路的貿易欣欣向榮，可我求職的前景卻十分黯淡。沒有人想僱一個孩子，很少有人認真地跟我討論這個話題。」那時我已經拜訪遍了克里夫蘭所有的公司，有些公司我甚至去了兩、三次，換成別人可能早就放棄了，我認為是我自己那個本不被別人看好的倔脾氣幫助了我。

我走進默溫大街的一家公司——休伊特&塔特爾公司，這裡主要從事農產品的運輸代理。我要求見他們的老闆，結果接見我的是二老闆亨利・B・塔特爾，他是這家公司的合夥人之一。顯然，他已經對我這個在七、八月間瘋狂找工作的年輕人有了印象，他說他需要人幫他記帳，要我午飯之後再來找他。我當時的心跳已經讓我呼吸急促了，但我努力克制自己的情緒，佯裝平靜地走出他的辦公室，我在心裡說：「我今天必定成功。」我怕他們看到我喜不自勝的樣子，於是平靜地走過樓梯的拐彎，然後幾乎是一步一跳地回到家。

那天的午飯我吃得很狼狽，在一陣焦慮後又回到了那間辦公室，等以撒・L・休伊特接見我，我極力控制自己顫抖的身體，等待他的來臨。我早就知道他在克里夫蘭有大量的房地產，還是克里夫蘭鐵礦開採公司的創始人。果然，他一進屋就是一副大企業家的模樣。他問了我幾個問題，我認真而坦率地回答了他。他後來仔細地端詳了我的字跡，對身邊的人說：「讓這個年輕人留下來試試吧！」要知道當時我興奮的心情，若不是想給老闆留下一個沉穩的印象，我一定會跳起來擁抱在場的所有人。

後來發生的事向我證明了他們對於我的需求，或者說對一名助理簿記員的需求。由於他們的公司有很多新生意要做，而原來的簿記員已經無法勝任這麼多的工作了，所以他們決定僱用我，就讓我脫下外衣馬上工作，連工資的事都沒提。但我不在乎，有許多小夥子在當學徒的時候也領不到一分錢，我相信我的智慧一定可以讓我盡早結束學徒的生活，領到正式員工的酬勞，所以我滿腔熱情地開始了我的第一份工作。下班之後回家的路上，我開始注意身邊的人和事了，我發現六個星期以來我一直沉浸在找工作的世界裡，根本沒有留意過他們，原來克里夫蘭的一切還有很高的審美價值。我知道這一切的感受都源自於我豁然開朗的心境。

我把那天命名為我的「就業日」。我覺得那天甚至比我的生日更有意義，我真正的生活從那天開始了，我在商業上獲得了重生。也許有人無法理解我當時的感受，但我現在不停顫抖的手和發熱的臉頰，告訴我這第一份工作的意義不亞於我在教堂所受的洗禮。我發現身上有一股從我在鄉下的少年時代起，就一直蟄伏於體內的活力開始甦醒，注入了商業世界強健有力、令人驚歎的生活。

我深信，我已經真正地長大，我將要擺脫從一地到另一地沒完沒了的掙扎，擺脫我孩提時代荒誕顛倒的世界。我遲早有一天會向所有人宣布：「看，在這裡，在克里夫蘭，將有一個叫洛克菲勒的成功者崛起！」

約翰，我也希望你做好準備，為偉大的事業而努力。你現在將進入一個全新的世界，一個與你所處的學校完全不同的環境。我相信你，我的兒子，你一定會像你以往一樣讓我感到驕傲的。人生的路有千萬條，但關鍵時刻一步也不能走錯。

亞里斯多德說過：「如果我們能夠回過頭去重新活一遍，我們都將不朽。」可是，世界上沒有一個人可以重新活過，所以你必須珍惜現在的每一分鐘。

對於目前的你來說，從事具體的工作還有一段很長的時間，但是你可以嘗試為自己規劃一下未來的職業安排。在這個長遠的週期內進行思考，將那些最吸引你的職業列成表格，然後將其他一些因素考慮進去。我建議你還是選擇那種在任何地方都有工作機會的職業，這樣即使你要換一個工作地點，也只需帶著你的天賦和技能就可以了。

讓我們把你的夢想先縮減為兩、三個職業追求，仔細地討論它們，然後一一參觀它們的工作場所。我想我的眾多朋友當中，一定有人從事你要選擇的職業，他們會樂於給你提供任何幫助。

在這封信結束之前，我還想告訴你，這是你人生中做出嚴肅決定的時刻，但是不要有太大的壓力，因為這也是最激動人心的時期。你可以跨越所有障礙，成為你想要成為的人。暫時告一段落，留一些時間反思，然後讓自己激情飛揚。

我們的小海鷗已經長大，準備起飛吧！

愛你的父親

第二封信：從商的準備

你的世界大小是由你決定的。偉大的成就源於崇高的理想；只要你下定決心，宇宙萬物都會來幫助你。

親愛的小約翰：

薩斯特教授寫了一封信給我，他在信中對你經商的天賦大加讚揚，這讓我十分高興。自從你上次回家和我一起參加了商界紳士俱樂部成立一百週年的晚餐會後，你說你有了進入商界的宏願，而且是你發自內心的渴望，對此我拍手歡迎。在你的眼裡，商界是一個色彩斑斕的大千世界：坐高級轎車、進行環球旅遊、在豪華的餐廳裡進餐……從這裡可以看出你對金錢的熱情無比高漲，你的經商意識已漸漸浮出水面，這一點很像當年的我。

與你有所不同的是，我當年從商多半是出於生計，不是我對商業有多大的興趣。但萬分幸運的是，事實證明商業經營是非常適合我的，而且商業經營也使我取得了一些小小的成就。當然也有一些人，他們無法很好地把握商業社會中的遊戲規則，最終輸得比較慘。因此，你一定要選擇那些你感興趣，並且能發揮你特長的行業，而不要因為某些行業暫時的光輝，就貿然決定投身於這些行業之中。

當然，假如你在選擇行業的過程中發現了適合自己的活動領域，你就會生活得很幸福。然而，問題就出在這個「假如」身上！你也知道商場如戰場，商界是一個極其複雜、範圍無比寬廣的領域。這是一個隨時有人破產倒閉、隨時有人因過度的壓力而一蹶不振的世界。我親愛的小約翰，你知道嗎？事業就好比一隻容易破碎的花瓶，在完整無缺時美麗無瑕，一旦損壞就覆水難收，一去不再。有感於此，山姆・巴德拉曾經說過這樣的名言：「在起跳之前瞧瞧前面，播下的種子該收割了。」所以，對於初出茅廬的你來說，最好從現在開始，馬上制定一份今後五年間周密的訓練計畫，以便小心謹慎地避開每天都在等待著你的許多陷阱。

上次來信中，你說想進入我們公司，對此我表示歡迎。但是我必須告訴你，如果現階段你就進入我們的公司，你至少還需要三至五年的學習。你想要成為熟練的管理人員，就必須勤學不倦。不過，我不希望你為了應付考核而一味埋頭苦學，這是不可取的，是不值得表揚的。每個月的得失統計表不能真正說明什麼，它只會反映在現實生活中你是及格還是落伍。你如果想熟練掌握公司的經營方法，至少要花費五年的時間。在這五年當中，你要去熟悉顧客、工作場地、從業人員、經營陣容、外部力量的調整，以及內部力量的整合。只有很好地做到了這些之後，你才有資格享受高級轎車、輕鬆的旅行和豪華的餐廳。

約翰，你一旦確定了自己的目標，就應盡一切可能去努力培養達到目標的充分自信。你的世界大小是由你決定的。偉大的成就源於崇高的理想；只要你下定決心，宇宙萬物都會來幫助你完成你的事業。

現實中，大多數人根本不清楚商人的一天是怎麼過的，他們根本不去考慮跟經營有決定因素的諸多層面，卻貿然揚言「我要經商」。當然，從心裡而言，我希望你的經商意願是來自內心的，不希望你是由於家族的原因而做出違背自己意願的選擇。

你若想在商業上駕輕就熟，首先應該與相關聯職業的人進行交談。不過，必須注意得選擇那些人生觀不偏不倚的人。一方面，與那些沉迷於自己所選擇的職業，把經商作為今生今世唯一話題的人交往是有害無益的；另一方面，與那些討厭自己所選擇的職業的人交談，也沒有什麼積極作用。只有優秀的忠告者才會對你必須學的課程提出建議，而且他會教導你，當你達到了目標，自己開了一家公司時，什麼事情是最為重要的。

在從商之初，你如果忽視了這種準備，就不只是浪費了寶貴的時間，而且也沒有珍惜你最初所擁有的時間與所從事的勞動。如果不認真地進行選擇，你就只能自欺欺人地投入某個無聊乏味的職業，這將給你的一生留下不可抹滅的陰影。

在這一點上，我是非常重視的。上中學時，我就很注意社會體驗了。透過每年暑假期間在克里夫蘭河畔碼頭運輸公司的工讀，使我受益匪淺。我可以以我生活中的一段小插曲為例。

有一年夏天，我在工廠裡做一種最需要吃苦耐勞、流汗最多的骯髒的工作。當時的工作環境相當惡劣。我們實行的是輪班制，一天工作八小時，一週工作六天。然而，大部分的人都是沒有任何怨言地從事著這個工作。藉由這件事，使我透徹地理解了兩件事情：第一，就是有些人終其一生都必須從事這種工作；第二，就是這些人將一生中最為可貴的時間，都耗費在條件艱苦的工作環境之下。在我的眼裡，他們是可悲的，於是我下決心誓不與這種人為伍。

總之，你要珍惜離開書本的時間，做什麼事都要事先制定計畫，在自己選擇的職業範圍內，盡量增加一些實際工作經驗。在你們這個年齡層次中，幾乎所有的體會都是嶄新的經驗，因此學習還是盡早比較好。

儘管你現在學習已經非常努力，但是在正規學校教育範圍內，抱著一顆求知的好奇心去對待學業是必要的。因為求知的欲望越強，就越會把學習當成一件樂事。很遺憾的是，在你的同學中，有不少人只顧著對教師或教育制度等表示不滿，而把關鍵的學習置之腦後。要知道，教育制度的改變不是輕而易舉的事情，自從我學生時代起已經三十餘年都沒有太大的改變，大部分的施教者也不會改變！

因此，與其對教育制度發牢騷，倒不如鑽制度的漏洞！不要把學習的內容局限於商業經營的專門課程，應該拓寬你的視野、培養明察世間一切的智慧，大量掌握那些能夠很快使你成為優秀管理人員的課程。政治學、歷史、地理、天文學等只是其中很小的一部分。

英國著名作家約翰．德萊頓說過：「世上所有的一切，都有它存在的價值。」我完全贊同他的觀點，為此我奉勸你，每年都要開始一門新學問的研究，這樣才會使你的視野更加開闊，使你具有更新的人生觀，至少會跟以前有所不同。當你最終進入某個領域的產業，或者當你在商界礦區內的崎嶇小道上前進時，以前所學的一丁點知識都將顯示出難以想像的重要性。

在大學裡，你應該掌握與領會法蘭西斯．培根的成功秘訣。他的理念是：「讀書使人富有，交談使人機敏，寫作使人沉靜。」這些能力的組合對瞄準成功的人來說，是絕對不可缺少的三件法寶。

所以，我希望你要經常讀書，以培養自己的寫作能力，並且要學會與別人推心置腹地交談，只有這樣，才能在你滿意地離開大學時，使你完全做好了進入社會的準備。我自己也是按照這個方式打好基礎的。順便再添一句，我從不認為以前所學的一切不再有任何作用，人都是在學習中成長起來的。

愛你的父親

第三封信：金錢表象

金錢只是萬物的外表，而非核心。錢可以買到食物，卻買不到好胃口；錢可以買到藥品，卻買不到健康；錢可以買到相識，卻買不到好朋友；錢可以買到享樂，卻買不到安寧與幸福。

親愛的小約翰：

在你即將進入社會之際，我很想與你談談關於金錢的一點看法。

對於金錢我們必須有一個正確的認識，這當然需要時間來驗證。我在你這個年紀的時候，對金錢有十分美好的嚮往，當然還有一點瘋狂。我知道金錢能夠換來道德尊嚴和社會地位，這些東西比華美的住宅、精美的食物和昂貴的服飾更令我激動不已。

我年輕時曾經著迷於一本名叫《先賢阿莫斯・勞倫斯日記》的書，這讓我一度認為自己是一個自相矛盾的人。勞倫斯是新英格蘭一個富有的紡織廠主，他透過一場精心的安排捐贈了十萬英鎊。我每次讀到他寫的那些日記時總是入迷到極點。他給人的鈔票都是嘎嘎響的新鈔票，不僅看得到而且聽得到。我打定主意，如果有一天我也能辦得到，我也要給別人嘎嘎響的新鈔票。也許一個十幾歲的孩子的腦子裡有這樣的想法顯得十分罕見和可笑，但我知道，那是金錢在我頭腦裡所產生的奇妙效應，也只有在我的頭腦中才會這樣。

從現在來看，我當時的想法是多麼幼稚。如果你只知道賺錢，你的生活就變成一個緊鎖的保險箱，什麼東西也進不去，什麼也出不來。有一次，我看見許多玫瑰被搶購一空，就想克里夫蘭的花店肯定十分賺錢，於是就冒出了一些很小氣的念頭。因為總有些女孩會收到遠遠多於她們需要的花，為什麼不把這些花再收起來，趁夜晚降臨之前賣給那些因為買不到花而心急如焚的小夥子們呢？不過這個想法一經想出就被我自己罵了回去，我想這正告訴了我貪婪於蠅頭小利與轉動腦筋、努力工作的區別。如果我利用那些可笑的小聰明成為富翁，那可真是天大的笑話。

金錢只是萬物的外表，而非核心。錢可以買到食物，卻買不到好胃口；錢可以買到藥品，卻買不到健康；錢可以買到相識，卻買不到好朋友；錢可以買到享樂，卻買不到安寧與幸福。

但是金錢統治著我們的生活。你可以否認，可以抗議，可以宣稱自己對它視如糞土，不屑一顧——你可以任意表演自己在道德與才智上受到的訓練。可是說到底，金錢畢竟還是我們生存的核心。但金錢的確不是最重要的，它與那些使我們生活有意義的道德觀念毫不相關。我們常常陷於困境：應該怎樣對待生活中那些雖然不重要，但對於處在你生活中心的事物又該怎樣看待呢？

我認識許多人，他們對待金錢的態度有很大差別。我曾經和街頭流浪漢一起喝最便宜的酒，他們把僅有的鈔票揉成一團塞在褲子口袋裡；我也曾和那些證券經紀人聊天到深夜，他們操縱著大量的財富，可卻從來不去碰一便士現金或硬幣；我也見過有些有錢人不肯輕易拿出一枚銅板，因為害怕這會讓自己變窮；我也見過慷慨的富人、犯罪的窮人，見過妓女也見過聖徒。

所有這些人都有一個共同點：他們處理金錢的方法是他們對金錢之認識的結果，而不在於他們擁有金錢的數量。從最基本的層次上說，金錢是一個冷酷無情的事實——你要嘛有錢，要嘛沒錢。不過從感情和心理的角度上講，它絕對是虛幻的，你可以把它塑造成自己想要的樣子。

即使你對金錢不感興趣——只希望不要為錢操心——在某方面而言，它就成為抽象的概念。金錢可以產生利息，你必須盤算怎樣進行投資，根據自己賺錢的多少來納稅，使它成為有自身含義的財產。金錢生根發芽，遭受經濟風暴的衝擊。你要像個園丁那樣照料它，它會成為你思想的核心，即使你認為自己只是在賺錢為了以後不再為錢操心。

你應該怎樣對待金錢呢？在赤貧和暴富兩個極端之間，什麼才是你正確的態度呢？雖然沒有什麼嚴格的規定，也有一些基本準則你應該銘記於心。

古希臘哲學家德謨克利特有一句名言：「讓自己完全受財富支配的人，永遠無法合乎公正。」如果你慷慨大方，別人也會同樣對待你，這樣錢財就可以自由流動。與他人分享不是揮霍金錢——那只是希望尋求浪費金錢時的那種刺激。我所說的分享，就是用你的錢去幫助他人做些有意義的事，而不計較回報。如果你能夠這樣做，你也就成為那些以助人為樂的人們中之一員，這樣就會有無數與他人交流互助的機會，人們也會以同樣的善意回報你。

這種情形就好像人們用外語交流一樣，講同種語言的人們之間可能會有更多共鳴。如果你追求錢財是為了安全感和儲藏，你會發現你周圍的人也是這樣。你們都會戴著面具，握緊拳頭，怒目而視。你們的共同點就是猜忌和懷疑。但如果你累積錢財是為了和大家分享，你就會發現大家講著同樣的語言——分享，世界就會充滿生機。

但還有更重要的一點是：如果你是個守財奴，你將不會快樂，因為貪財的人不能承受損失。金錢總是來來去去，這是它作為交換基礎的特性。守財奴卻無法容忍錢財的流失；反觀那些慷慨的人，即使當他們貧窮時，內心也是富裕的，因為他們看到了錢財散去的有益之一面。他們的慷慨常常會點燃與他人分享的火花，錢財的流失成為一種使大家都能從中受益的共同禮物。

那些大方的人願意看到錢財從他們手中流出，因此也容易理解關於金錢的另外準則：有時為了前進，你必須損失錢財。那些拒絕做任何賠本生意的人，被他們總渴望獲勝的心理壓得喘不過氣來。這樣也許他們付出的代價太過昂貴，也許他們購買後這個世界又發生了變化。不論如何，拒絕在任何交易中有所損失的人們，常常會陷入故步自封的陷阱而不能自拔。有時前進的需要比拿出自己最後一個銅板更為重要，有時值得我們傾囊而出。

但是我不計較你是否能對金錢達到禪宗式的明確態度。我只想告訴你：金錢是流動的、虛無的，生不帶來，死不帶去。如果你堅持認為錢財只能增多不能減少，你就是在和諸如呼吸、來去這些自然規律唱反調。經過你手中的錢財可能還會回來，也可能流向他人。可不論怎樣，生活還得繼續，還有更值得我們注意和關心的事情等在前頭。

但如果你堅持認為金錢最重要，還有最後一條準則：金錢具有某種特性，我稱為「物種辨認性」。它可以進行自我辨認：賺硬幣的人損失硬幣，賺鈔票的人損失鈔票，賺大錢的人損失大錢。

如果你真的想賺錢，你就必須置身於你的同類人之中。經常有故事描述百萬富翁是怎樣從一分一毫賺起。可那些人都是生活在一絲一毫積累的恐懼之中，這種生活毫無意義。如果你想成為百萬富翁，最好學著加入他們的世界，瞭解他們的規則和技巧，然後將你的才能運用到如何與他們共事相處上。那些賺幾百萬的人沒有比那些賺幾張鈔票的人更聰明。但在不同的舞台上，金錢可以成倍地增長，他們的才智獲得的報答也更多。

因此，如果你想要賺錢，你就要接近金錢，它總是在屬於自己的地方出現。你要靠近它，它才會靠近你。但不管你選擇哪種方法處理錢財，都要銘記這條真理：有多少錢不重要，重要的是你怎樣運用它。

金錢只是一種商品，一種雙方認可的抽象的交易，這種交易的精神使金錢有了生命力和意義。慷慨的施予者，不論貧富，都將用金錢為這個世界帶來光明；那些錙銖必較的守財奴，也不論貧富，都將會用金錢來關閉我們的交流之門。

做一個給予者和共用者，其他一切問題都會以某種出乎意料的方式迎刃而解。

愛你的父親

第四封信：從最底層做起

我不喜歡工作，也沒有人喜歡工作，但我喜歡工作中包含的東西——發現自己的機會：為自己，而不是為別人。

親愛的小約翰：

你最近在公司中從事原油的市場行銷工作，一定很辛苦吧？事實上，你從布朗大學畢業後，在商業實務中一直扮演著推銷員的角色，要知道這是一個吃力不討好的工作，你也從中體驗到了做小人物的苦惱了吧？但你不應該產生放棄的念頭，你怎麼能一連幾天都躲在房間裡聽音樂或者外出泡酒吧，而不去工作呢？要知道這是你事業和人生的剛開始，正是你接受考驗的時候。

孩子，對於你的這個做法，我感到有些不安。其實，你應該清楚地知道，任何一個成功者都是從小人物做起的。我敢肯定任何年輕人都渴望出人頭地，但這需要一個過程。其實，我不喜歡工作，也沒有人喜歡工作，但我喜歡工作中包含的東西——發現自己的機會，只有不斷地發現自己才能提升自己，才能為自己一步步地走向成功累積經驗。歷史上許多著名的人物，在你這個年紀時甚至還不如你。所以你不要著急，更不能氣餒。

在我年輕時的日記中，記載了我當年做不知名的小人物時之歷程：

有一年夏天，學校放暑假之後，我決定找一份臨時工來鍛鍊自己。有個朋友對我說，俄亥俄州機械製造公司在招聘工人，我決定去碰碰運氣。

第二天，我早早地來到了面試地點。十點鐘一過，排隊的人群開始逐步地向前移動。不久，輪到我面試了。

「你想找個什麼樣的工作？」一位人事主管問道。

「你們所有工作中薪水最低的工作。我急需一份工作。」我說。

「好吧，我們僱用你了。」

我十分高興，那時我正處於生活的低潮。我需要一個起點，哪怕是最底層的。現在我終於擁有了這個機會，我被安排在組裝線上。那時公司正在為陸軍製造機車手提燈，我的工作是把帶著銅鉚釘的帶子纏繞在鐵環上。

雖然當時我的薪水每小時才二十美分，但是我發現手工勞動有趣且令人滿意。人們一生幾乎都要經歷用手勞動的過程，這個工作對我來說不難。然而，工作的第一天，在組裝線上釘鉚釘時，我的手就被錘子重重地砸得瘀青了。我很擔心這個事故會對工作造成不便，於是在得到老闆的許可後，下班後我繼續留下來，試圖研究出一個能用受傷手指工作的辦法。我在廠房裡尋找，皇天不負有心人，終於找到我需要的工具和材料。我製造了一個木頭節子，只要它把鉚釘固定住，我就可以毫不費力地做我的工作了。

第二天，我一大早就去試用我新製的工具。在其他工人到來之前我就開始工作，結果取得了驚人的成功！這個木節子能固定住鉚釘，不再需要手扶，這樣我就可以空出一隻手，能夠比原先做更多的工作。我的這個新改進也得到了老闆的誇獎。透過這個小小的改進，使我認識到了任何工作——哪怕是最底層的工作——都需要你認真去對待，也許你的小小發明，就是改變你一生命運的契機。

自從有了這個木節子，我的工作速度比原先加快了一倍。這樣我就擁有了大量的剩餘時間，我開始向老闆要求更多的工作，並被委以一大堆雜務。我幫助組裝線上的女工調整工作台的高度，經過調整使得她們做得更順手，同樣提高了工作效率。我總是在任何可能的環節中協助我的老闆。我每天都是第一個來到工作室，下班後常常留下來幫助清理整頓，為第二天做好準備。在我看來這是份不錯的工作，既滿足了我當時的需求，又提高了我的工作能力，為我日後的發展打下了基礎。

時間一長，公司裡的人對我就像一家人一樣，我也參加了公司的一些娛樂活動。公司有個壘球隊，每週都與其他一些小公司的壘球隊比賽，我成為球隊的一名管理員。在公司後面的球場上結識了奧林·哈威，他既是球隊隊長，又是公司的採購員。一天練球時，我們談到了工作。

「你為公司工作感覺如何？」他問。

「不錯。」我說，「但釘鉚釘這份工作已經無法提升我的能力，我想找一些更具挑戰性的事情做，這樣我才能夠學到更多的東西。」

這次談話過後，我也沒把它放在心上，繼續努力做好我的工作。突然有一天，哈威先生來到我們的生產線。「你願不願意到採購部門當一個訂貨員，約翰？」他問。他解釋了訂貨員的職責，並且說我可以藉此瞭解到公司整個生產模式。他強調說，所有生產成品所需的材料，都要經過訂貨員這個環節。

我當然願意。於是，在新的工作中我個人的努力和解決問題的能力同樣被認可並被獎勵。在短短的三個月假期中，我從組裝線工人升到了採購部訂貨員，繼而又被提升為部門經理助理。只可惜時日不久，我便因學校開學不得不離開公司，繼續我的學業。但這三個月的工作使我認識到，沒有內部關係和推薦，我仍可以從最底層做起，一點一滴地獲得成功。我認為這是搞清楚一種商業基礎的最好途徑，並能使我獲得在這個領域裡發展所需的必要之自信。

每次有人問我：「什麼才稱得上是最可靠的成功之道？」我認為最重要的是必須做

個好員工。之所以要這樣有兩個理由：每份工作都能為你贏得應有的認可、金錢和自尊，生活也會因此而變得精彩繽紛；一個好員工在靜心等待認可、金錢和自尊的過程中，會發現更多的樂趣。

約翰，藉由我的經歷，你從中學到了什麼呢？你自己是不是也應該遵循這些建議呢？你現在剛剛開始工作，對於你真正需要的一切還沒有真正瞭解，待你稍稍成熟些後，工作才會得心應手，才能夠做得更出色、更開心。現在，我把自己的幾點職業戒律推薦給你，這些都是我在最底層的奮鬥生涯中總結出來的。

學會在苦差使中潛水。大多數年輕人最初選擇職業時，都會經歷一些辛苦繁瑣、單調乏味的工作：為日理萬機的老闆跑跑腿、整理他（她）的通訊錄什麼的。對於有些人來說，這可能根本就談不上是職業，但你必須把這樣的工作當成是你漫漫求索之旅的重要起點。

樂於接受並且主動要求份外的工作，但要適度。在展銷會上，你可能還不夠資格代表公司，但別讓他們忽視你樂於承擔的任何工作。如果你對如何更好地組織本部門有些創意，就要大膽地說出來。但記住一點：你必須完全有能力處理自己所要求的工作，並且能夠全力投入。

雄心勃勃，但絕不張揚。真正的成功，除了智慧、人格魅力加努力，沒有別的替代物。你應該暗地裡雄心勃勃，隨時睜大眼睛四處看看有沒有合適的空缺，伺機而發。事實上，原動力和奉獻是帶來成功和喜悅的最好「進攻」策略。

人與人的差距，更多是表現在思想方法上。雖然開始時就只有一點點，但日積月累將越拉越大，所以要不時地發現差距並及時總結，方能迎頭趕上。你要善於觀察、學習、思考和總結，你不能逃避，也不應該一味地埋頭拉車而不抬頭看路，這麼做常常會導致一個人總是原地踏步，明天仍舊重複今天和昨天的故事。

成功的規則未必那麼明顯，需要你有很高的悟性與洞察力，面對差距和挑戰。你應該及時調整心態，增強自己的自信心，要學會獨立思考、多謀善斷、隨機應變。這是我的心路歷程，我今日的成就是我從底層做起、不懈奮鬥的結果。所以說，做小人物不可悲，可悲的是沒有從小人物做起的勇氣，我希望你明天能夠以正確的心態來看待你的工作。以飽滿的熱情認真對待你的工作。好了，我相信你明天會按時回公司上班的。

愛你的父親

第五封信：與公司同時成長

年輕人，趁現在勤奮讀書，累積知識吧！不然上了年紀，就會感到用功是一件煩人的事。

親愛的小約翰：

最近，你姐姐來信說，你和她一起辦了一個俄亥俄州大學管理學講座的報名手續，打算利用業餘時間繼續深造。我很高興，因為你們倆認識到了學習的重要性。

約翰，不知道你對這次課程的設置有什麼感覺？一般來說，講座的時效性很強，也很有意義。由於是針對管理人員的培訓，所以能夠學到許多在學校裡學不到的知識。

我在這方面就走了一些冤枉路。我當年從學校畢業以後，就失去了專門學習的機會，加之當時為了謀生，工作十分繁忙，整天與一大堆數字打交道；而且我當時自以為所學的東西已經差不多，我需要的就是掙錢。可是我還是被自己愚弄了，當我踏入石油產業時，我發現自己是那麼無知。我不得不利用業餘時間來彌補自己的不足，努力學習各方面的知識。

孩子，鑑於我的人生經驗，對於你願意繼續深造真的讓我十分高興。你的好學精神是極其可貴的。你的許多朋友從學校畢業後，認為學到現在這種程度，對於確保將來的生活無虞已經足夠了，以後可以安穩地度日了，其實這樣想就完全錯了。我認為，不管在家庭生活方面還是在工作事業方面，人生教育的價值都是不可估量的。在人們發洩不滿，說很難成功的時候；在人們說人生是地獄或者認為太無聊的時候；在人們早上連床都不想起的時候，他們都忽視了一個事實：為了成功，必須不斷地學習，這是企業界的第一原則。累積的知識越多，成功的希望才會越大。

一般來說，人只有隨著不斷地累積經驗才能登上成功的階梯。作為晉升的條件，想要被提升到企業管理職位都要有經驗。在企業界出人頭地的，是一些有經驗，再加上積極地制定提升自己之計畫的人；是一些除了朝九晚五日常工作外，還懂得學習現代技術或提高銷售成績的革新人士。除了正常上班時間外，每週還有一百二十八個小時，如果人們能夠利用其中的一部分時間——哪怕是兩、三個小時——學習技術和專業知識，一定會與那些不去努力學習的競爭者拉開很大距離的。

你許多的同事把大部分的休息時間，都用在了娛樂方面，有時候你都差點與他們為伍！雖然沒有經調查證實。但是，依我看，除了正常的上班時間外，能夠利用一部分時間去學習一些與自己工作有關的知識之人是不太多的。因此，如果確實地制定周密的、建設性的學習計畫，很容易就可以把大部分與你競爭桂冠的人甩下來。

孩子，每本書、每個人、每件事都是一座學校，最好的學校就是這個社會——那些經驗和教訓是深入淺出、生動詳實的教材，極具針對性和實用性，絕非那些脫離實際的理論所能比擬。

讓我欣慰的是你擁有上進心，渴望成就一番事業，決心彌補因為讀書不多而造成的缺憾。你知道嗎，無論什麼人都會對你有所助益，都會使你增加知識與經驗。即使你遇到了一個石油工人，你也應該虛心向他學習採油技術。

我希望你能明白，知識豐富的唯一條件，就是透過各種途徑吸取知識。那些在商界叱吒風雲的人，不僅透過各種途徑學習新的知識，還使自己的胸襟在各種學習中變得更加廣博，使自己的目光更加敏銳，輕鬆地應對人生奮鬥中遇到的各種各樣的問題。因此，你不但要善於抓住機會，更要善於創造機會，積極地利用自己的閒暇時間做到終身學習，補救知識上的缺憾。

我希望你重視這句話：「如果確實地制定周密的、建設性的學習計畫……」而且你要努力執行這個計畫，即使說不上一輩子，但必須是長期的。現在我雖然已度過了人生的大半時光，但是想要與競爭者拉開距離，想要在這個「成功的階梯」上站穩腳跟，我還必須繼續學習。因此，對於初入商界的你來說，更是應該學習各種知識和經驗，否則你就不能在這個競爭激烈的社會中生存下去。

約翰，我希望你所謂的學習不要僅僅局限在聽講座方面，你應該每個月，甚至每隔三個星期，走出辦公室到當地的公共圖書館或者大學的圖書館去進行工作。在那裡，你可以先找張大桌子坐下，然後安排所有你要做的工作之順序，乘機檢查一下正在著手的工作專案之細節，完成所有的瑣碎雜事。如果你的工作項目較大，就將它分成幾個小部分來逐步完成，整理好的資料可以留給下屬去裝訂。同時，你還可以利用在圖書館的時間整理一下自己的筆記本，該發文的發文、該答覆顧客的答覆顧客、該寫感謝函的寫感謝函，寫成後一次寄出。

在圖書館工作既安靜又沒同事打擾，工作效率通常是在辦公室工作效率的十倍，而且快速完成大量工作的現實情況能夠提高你的信心，提高你的膽量，也會有一種才幹超人、一切都在掌握之中的感覺，而且還會鼓勵你努力做好自己的日常本分工作。

你只有善於學習，你的前途才會一片光明。因為未來的競爭不再是簡單的知識與專業技能的競爭，而是學習能力的競爭。只有具備了這個競爭能力，才能充分發揮上帝賜予你的才能，朝著正確的方向、至高無上的目標大步邁進。因此你一定要牢記「活到老，學到老」這句至理名言。

最近我的心臟越來越脆弱，你很有可能會成為我公司的繼承人，你一定要認真學習關於公司管理方面的事情。作為一個公司經營者，你個人的成長不要落後於公司的成長，你的管理能力必須隨著公司的發展而得以加強。否則，你也會像許多被解僱的，或者由於未覺醒而缺乏行動的管理人員一樣，加入落伍者的行列。

希望你在聽經營者的講座時，關於一般的經營理論要透過多讀書而從中學習，而且在你提高自身修養的計畫裡，也要把個人的有關問題包括進去。比如，研究人的心理動態，想必你也知道，這會對你有很大的好處。遺憾的是，這麼重要的事情，我到五十歲時才知道。

約翰，你知道時間就好比流水一般，一去不可留！再過五年，你就又長大五歲了。到那時你是隨著年齡的增長而變得聰明了呢，還是僅僅長了五歲？希望你不要選擇後者，要積極吸取許多失敗者的教訓，以免重蹈覆轍。

約翰，趁現在年輕趕快勤奮讀書，累積知識吧！不然上了年紀，就會感到用功是一件煩人的事。

愛你的父親

第六封信：圖書的商業價值

書中的寶藏遠比從金銀島上和加勒比海底，由海盜掠奪來的珠寶多，更重要的是，生活中的每一天你都能享用它們。

親愛的小約翰：

你工作已經快三年了，很高興看到你在不斷地進步，真讓我為你感到自豪。你在信中說最近讀了不少書，想藉此拓寬自己的視野，為將來從事公司的經營管理做好準備。這說明你已經準備好向更高的目標攀登，這是一個好現象，我也藉由自己這麼多年的親身體驗給你一些建議。

約翰，你在學習操縱遊艇時，對此恐怕你還記憶猶新吧！你一定要學會從別人的錯誤中去學習，因為一個人根本沒有足夠的時間去經歷所有的失敗。在讀書方面也是如此。如果你能以此學習他人的經驗，發揮其有利的一面，在處理各種各樣的事情時，最好提前閱讀一下先行者們留下來的寶典奇文。如果你能夠做到每月讀一本書，你就向正確的人生方向邁進了一步。

我曾經努力學習英國文學，也達到了作為一個紳士所應該具備的條件。我最喜歡閱讀培根、莎士比亞、伯恩斯的作品，其他人的作品我通常很少看。但是有很多類似的詩篇深深地刻在我的內心深處。當然還有法國文學，尤其是《蒙田論生活》，它們把我帶入了一個全新的世界。當我如饑似渴地閱讀這些故事時，我就像處於一個夢幻的境地，書中的寶藏遠比從金銀島上和加勒比海底，由海盜掠奪來的珠寶多，更重要的是，生活中的每一天你都能享用它們。

彷彿是在地牢的牆上開了一扇窗戶，從此知識的陽光一直照耀著我。我把書隨身帶著，抓住上班時的一點空隙來閱讀。每天的勞苦工作，值班時難熬的長夜，都因為書而顯得微不足道。每當想起到了週末又能借到新書，隨後的日子就會變得無限光明。就這樣，我漸漸熟悉了麥考利的散文和歷史著作。對於班克羅福特的《美國史》，我看得比其他任何書都要用心。蘭姆的作品更是帶給我極大的愉悅。不過，當時我對大文豪莎士比亞知之甚少，只讀過幾篇選入學校課本的作品。我對他的喜愛是在不久後從匹茲堡的老劇院開始的。

記得我剛離開學校時，我認為是應該開創一條新路的時候了，我希望去生活、學習、成長。我打點好行囊，帶著惠特曼的詩、湯瑪斯・霍爾夫的《你再不能返家》以及愛默生的《論成功》，踏上了西行的未知之路。

我在人生的這個階段僅僅依靠閱讀，就覺得自己經歷過十餘回的人生，但是我不會因此而有任何優越感。正因為如此，才覺得自己更應該有效合理地利用上帝所給予的時間。於是在某種意義上，如果一個人生活在一個小小的封閉社會之中，無論自己有所期望還是沒有希望，對外面的世界缺少實際考察的機會，或者缺少透過閱讀來獲得知識，他們又何談對人生的瞭解呢？我為他們感到可憐。在無知中死去的人又何其多啊！這是一種讓人覺得可怕的事情！

然而，讀書不能以數量來衡量，有些人雖然讀了很多的書，但是大部分都是小說，他們認為這樣可以使人生得到寬慰；也有不少人感覺到閱讀非虛構性作品是他們的工作，很奇怪的是我在閱讀非虛構性的作品時，從未感覺到它除了輕鬆還有什麼效果。而且，在這個世界上必須學習的東西實在太多了，比小說更加讓人感興趣的事情實在是太多了。想起這一點，自然會覺得閱讀別人的白日夢是何等浪費時間。

我進入商界以後，在環境的影響下，切實感受到了讀書的重要。透過讀書可以磨練經營手段，簡而言之，就是可以讀人。

歷史是針對人而寫的，而且在現在也廣為流傳，有關工作壓力、投資、飲食療法、運動、飛艇安全操作法等方面的圖書，那是針對人以及人的思維和人之行動的。一個企業家如果想使自己的經營水準提升至一個以前未能企及、不可估量的高水準，就應該對更廣範圍內的人們進行閱讀瞭解。

針對經營方面的個別問題，究竟應該讀什麼書好，最好去請教大學期間進行經營學教育的教授，他們大多掌握了最新的情報，瞭解誰寫了什麼書，有關某個問題的優秀論文，可以在哪裡找到等。最好請他們當自己的學習顧問。以我的經驗，他們總是樂於給人幫助，而且費用也很合理。

這個世界上真正新鮮的事不太多，人生的很多方面就是反反覆覆，證實我這個觀念的最好的一本書，就是《巴特雷特常用警句集》。

這本書羅列了始於《聖經》中記述的對人之考察，忠於當今時世的思想觀念。其中有一位古希臘詩人荷馬，在西元前七百年前說過以下妙語：「兒子極少與父親相同。不及父輩的佔大部分，超過前輩的只佔少數。」

東方思想家孔子也說過：「不要結交比自己還差的朋友。」

伊索曾經說：「心甘情願地接受自己的命運吧！你不可能任何方面都出人頭地。」

聖海爾勞姆斯也說過：「不瞭解自己的無知，是最大的無知。」

巴特雷特一直以這種基調貫穿全書，將萬古流芳的偉人們對世界的觀念及看法傳達給讀者。這些人都跟你我現在活在世間一樣，在歷史的某個階段，曾經生活過、呼吸過、體驗過人生。

瞭解這些思想家的人生百態、觀點以及他們的苦惱後，我們的問題顯得何等微小。至少站在經驗者們觀察的基礎上，一切問題均會容易處理得多。

此外，要成為一個真正受過教育的人，必須認同一個觀念，即教育不只是指學校教育，它是一種心態，一種帶著無限好奇心和求知慾觀察這個世界的意願。因此，要敞開心扉，去體會豐富多彩的日常生活——面對天地的運動、鳥兒的歌聲，抒發自己的感情，跨越時空俯視他人的成敗，欣賞能工巧匠，天真孩童的藝術創造……要學習的東西是這樣多，其實每天都有成千上萬的機會能充實自己的心靈。

或許我正是花了一定的時間與耐力進行閱讀的緣故，與從不讀書的同輩人相比，或跟學歷比我高的人比起來，卻擁有了一個相當有利的起點。直到現在還讓我記憶猶新的書，我想大概就是這些吧！

此外，我還有一個建議。想要掌握好自己的人生船舵，我建議你閱讀歷史書，學習我們的祖先在正常或異常的事態中如何努力，達到挑戰的目標或征服目標的經驗。人生中的許多歷史往往是驚人的相似，許多事情都是重複的。我們想要知道的很多方法都已經被人們所嘗試和證實，並且已經歸納在書中等待著你去研讀。同樣也有人們所犯的錯誤，我們應該從這些先例中學會避免犯同樣的錯誤。

根據我早年的生活經歷，我認為，沒有什麼比在一個社區內建立一座公共圖書館，並且把它作為一個市政機構加以支持，更能呈現金錢的價值。只有這樣，金錢才能給孩子們帶來無可比擬的益處。我相信，我有幸捐建的那些圖書館，會證明我這個觀點是正確的。

只要有一個孩子從這些圖書館中受益，我就會認為這些圖書館不是白建的。圖書館最重要的好處在於，它不可能讓你不勞而獲，想要獲得知識，必須自己努力，無一例外。

最後，我還要贈送你一句聖多瑪斯・阿奎那的贈言：「小心那些只讀過一本書的人。」

愛你的父親

第七封信：商業的靈魂

過創造性的生活需要足夠的勇氣，創造性是無人涉足的領域，但你將有一個偉大的發現，那就是你自己。

親愛的小約翰：

還記得我當年帶你到北部打獵的情景嗎？那個時候的你是多麼勇敢，面對狼群臨危不懼。我希望你還能夠用當初那種「初生之犢不畏虎」的精神，來面對今天的挑戰！我們要面對的問題，主要是競爭公司的新產品。你大概也已經發現，這要求我們必須全面地應用創造能力，而創造能力是人的心理本能之一。

現在，在市場上，雖然我們有一種產品落後於競爭產品，但我們並未對這種事態漠不關心、等閒視之。

對於這種情況，我們一直以來就貫徹了這樣的方針，即常常把公司的一部分盈餘，投資到持續性的研究和開發專案裡。而且最近為改良現有的產品，我們已經瞭解了若干重要關鍵點，因此我堅信我們很快就能對付競爭產品的威脅。

你一定對於技術開發部設計的幾個方案已經投入市場，卻毫無起色而感到擔心！約翰，別著急，從我多年的經營哲學來看，只要是與製造公司有關的新的改良方案，都不應該馬上拿到市場上實施，而是用於對付我們現在經歷的「不時」之需，才是高明的。

想要成為一個成功的商人，我們必須總結經驗教訓。藉由這件事，你應該學到的第一條教訓是：很多公司將利潤的大部分以紅利的方式分發給股東，卻沒有投入新產品的研發當中是一個嚴重的錯誤。一家優秀的公司（我認為我們是）應該重視產品研發，只有這樣才能夠使公司得以生存並立於不敗之地。因為我們的所有股東都是家庭成員，而且只有一家銀行需要考慮，因此「今天投資是為了明天發展」的策略執行起來，要比其他公司容易一些，而且我始終認為這是唯一的出路。

第二條教訓是：要認識到企業欲取得成功，很重要的一點就是要在員工的思想意識中，樹立想像力和創造力的觀念。以前通常認為一個人只要接受教育並樂於努力工作就能獲得成功，現在不同了，以後也是。今天的成功要依賴於具有想像力和創造力的思維，同時加上知識和努力工作。

一般人都認為，只有極少數的人擁有很強的創造力，「天生」就是發明家，大多數人無法表現出想像力和創造力。但是我認為創造力不是少數人獨有的，而是所有人都具備的。

我剛進入商業界的時候，總認為自己一點也沒有繼承你祖父的創造力天賦，並且為此而懊惱不已。慶幸的是，時間、學習、實踐和經驗證明，事實並非這樣，但我那時卻很難認識到這一點！如果我當時能夠瞭解這一點，將會減少許多我在發展過程中的不必要之苦惱、煩躁和不確定。

你也是個年輕人，也會犯與我當年一樣的錯誤，在這個年齡階層的很多人都會犯這樣的錯誤。不要因為自己在美術課上只能畫簡單的人物造型、在英語課上只能寫一首小詩，就盲目地認為自己完全沒有想像力和創造力。幸好，你母親和我已經經歷過這樣的階段，能夠告訴你並糾正這個錯誤認知。你應該知道，創造力不僅是在漂亮的圖畫和明快動人的散文，甚至是偉大的發明等這些切實的事物中表現出來的。

實際上，創造力和天賦是在日常生活中，以不同的方式表現出來的。很多時候，人們常常表現出了創造力卻沒有察覺到。你能夠從一名普通的銷售人員一躍成為銷售經理，在很大程度上就是仰賴於你在工作中所表現出來的創造性思維。

比如如何更好地接觸新客戶、解決現有客戶之間存在的問題、進行談判、完成合約、平息員工的不滿情緒、鼓舞團隊取得更大的勝利、出色地交談和演講等，這些都是你的創造力的表現。

利用創造力資源有幾個步驟：向思維輸入資訊，給予它安靜的時間來醞釀想法，進行「策劃」，然後躋身於世界知名的發明者當中。如果當初可以領悟這些，就可以省去很多徒勞的苦惱、動搖的時間。**正如約翰．布肯曾經說過：「身為領導者，他的任務不是把偉大加之於人的身上，而是要去發揮這種偉大，因為偉大早已存在。」**

約翰，現在你還是在犯我以前所犯過的、各種年齡的許多人都會犯的錯誤。創造能力的應用有以下四個方面。我把這些方面稱為「心理活動」、「成熟期」、「孤獨」和「主人翁精神」，以下針對各個方面進行探討。

「心理活動」是針對你準備調查的任何課題。首先必須在潛意識中儲存所有已知的事實，然後在潛意識中對於錯綜複雜的事實理出頭緒，做到心中有數。如此，你便很快就會找到解決方案，主意也會一個接一個地浮現在你的腦海裡。有時在你意想不到的時候也會有辦法。總之，辦法會浮現到你的腦海裡，並且以某種形式集中起來，之後你就把它作為一種試驗去實行。

「成熟期」指創造性的突破口不是一夜之間就能打開的，希望你能理解這一點。當然也有例外的時候，但一般來說，構思的發展需要時間，有時甚至必須花上好幾年。耐心思索事實，反覆試驗，在潛意識中儲存新的資料，等待最後的全部解答。

詩人羅伯特・佛洛斯特是這樣說的：「牛頓在抓住靈感之前，蘋果多次落到他頭上！自然常常給予我們啟發，反覆地啟發我們，我們則是偶然得到了靈感。」人類從這種創造性的心靈中「抓住靈感」，發明了車輪、紙張、玻璃、電、汽車、飛艇，在其他方面也取得了許多卓越的成就。

「孤獨」是創造力的最重要催化劑之一。為了抓住靈感必須給予心靈一個可以構思的、安靜的、心平氣和的環境，需要有使新的構思浮現在腦海裡的安靜時刻。**詹姆斯曾經這樣說過：「正如社會可以培養完美的人格一樣，培養想像力需要孤獨。」**我從星期四傍晚離開辦公室以後，到星期一才回公司就是這個原因。一般的朋友認為我是星期五休息。他們不知道，星期五不管我是在家裡度過還是去划橡皮艇，對於我來說都是安靜的「思索」的一天，是長期以來一個星期中成果最多的一天，是一個最寶貴的工作日。

「主人翁精神」的定義是說，它是「為了達到特定的目標，在兩個以上的人們之間，以合作精神進行的知識和努力的統一」。當兩個人以上的「合作」，為了解決目前的問題，「把腦袋湊在一起」的時候，常常比自己一個人去想主意要多得多、好得多。

這些和我們目前要面對競爭對手的新產品問題有什麼關係呢？我相信你已經想到了，那就是要利用我們的創造力，這是每個人與生俱來的能力。

我們的競爭對手目前在某個產品上領先了一步，但是這不意味著我們只能坐觀事態發展，而不做任何準備。

競爭促使企業去思考，誰想得最好或者說最有創造力，誰就贏得了競爭。考察和研究對手的策略是至關重要的。創造力不只是想像性的沉思，它需要行動。目前，我們在改進產品方面已經取得一些重大突破，我深信我們很快就能夠迎擊競爭者對我們構成的威脅。

我做生意的一個座右銘是，「要保持謹慎」，不要產品一有任何改進就立刻推向市場，可以將它們的一部分暫時保留，等待時機。簡單地說，就是讓你的對手先亮出底牌，當他認為自己已經佔了上風的時候，你挑選出最好的一張牌——充滿革新精神、設計得近乎完美、足以使對手退縮的產品。想過創造性的生活需要足夠的勇氣，創造性就是那個無人涉足的領域，但你將有一個偉大的發現，那就是你自己。

約翰，具有創造性的、想像力豐富的心靈對公司來說就是創新。創新的出現具有一定的偶然性，我們很難預料會有什麼樣的創新，或是某個創新會在什麼時間出現。創新往往是一個意外的發現，或是市場需求的外來變化。

從公司管理的角度來說，更多的是透過建立一種制度、一種理念或是文化，來增大創新的概率和提高創新帶來的價值。創新的本質在於開闢新的市場領域，使公司避開激烈的市場競爭，並獲得價值，而不在於其具體形式。

對公司來說，對某種產品的定型、某項服務的規範，也被很多精明的企業家視為創新，因為它們同樣開闢了新的市場領域，具有相當大的價值。創新的真正意義在於能夠被有效地轉化到價值鏈中，並且為公司帶來價值。公司追求創新的本質，在於能透過創新使公司避開競爭，佔有更大的市場。

愛你的父親

第八封信：企業家的品格

生活不會讓人們一下子擁有他的一切好處；我常想，道德也許完全就是人們做出選擇的勇氣。

親愛的小約翰：

感謝你送給我的高爾夫球桿，你知道最近一段時間我很迷戀打高爾夫球，這讓我的身體得到一些鍛鍊。我還要謝謝你邀請我看電影，我記得你小時候最喜歡去劇院看歌劇。此外，我還是想跟你聊一下工作上的事情，聽說你的一個老客戶，他們新任的採購負責人想要你用十加侖的油桶只裝九加侖的方式，給予他回扣。你長期以來一直跟他們合作得不錯，最終總算得到了這位新負責人的認可。為了最後能夠穩妥地簽訂這份合約，你竟然想對這個骯髒的傢伙妥協，或多或少地給他一些好處，這讓我有些擔憂，同時想到了誠實的話題。生活不會讓人們一下子擁有屬於他的一切好處，道德也許完全是人們做出選擇的勇氣。

其實，我年輕的時候也曾經做過一些類似的事情，而使我終身遺憾，甚至到了今天我還不能原諒自己。我希望你在這方面不要犯我當年犯過的錯誤，一個人品格上的一個小污點也會遭到人們的唾棄。如果時間可以倒流，我想我會糾正許多不該做的事情。事實上，一個人不可能不犯錯，但可以盡量少犯錯，你說是不是？

約翰，我想跟你談談作為一個企業家應有的節操。你如果幫了這個人，就相當於對自己的公司有了盜竊行為。因為如果供貨廠商能提供這種性質的資金，對於其公司來說將會節省一筆經費，但不能讓這筆錢作為賄賂的款項落入這個管理人的口袋裡，因為這個人的工作是為公司從供貨廠商那裡盡可能以最低的價格購入盡可能高品質的產品，但很明顯地這個人是在怠忽職守，欺騙了公司，利用這種方式進行詐騙。

約翰，你如果幫助了這樣的人，就等於是唆使他做壞事，我當然會第一個站出來反對。在不久的耶誕節前，我和老朋友聊天的時候，他還在問我，在商界生存最重要的一點是什麼，我當時毫不猶豫地回答說是誠信。因為只有具有誠實人格的人，才是有道德、有品格、生活態度高尚的人，他們日常生活中的正直、坦率是令人感到安心的，在企業界具備這種品格是事業成功的保障。

當然不可否認，也有那麼一批人，與我的觀點正好相反，他們不是那麼正直，他們認為名譽遠不如財富重要，他們高舉的標語是和我所推崇的誠信背道而馳的，這讓人感到很可惜。但我堅信，世界不會寬容到讓企業界這些無節操的人長期生存下去的，不要因為他們的影響而置自己的信用於不顧。因此，不應把誠實說成是一種珍貴的禮物或最可貴的優點之一，而應該把它看作是商業界人士所應該具備的最基本的品格，它是成功的基礎，只有它才能夠帶來長期成功的真正「原動力」。

然而，有相當多的人不想誠實地進行商品交易，那些人多數都在背叛別人後就遠走高飛。根據我這麼多年的從商經驗，那些人根本不可能就這樣長久地混下去，因為在企業界裡傳得最快的消息，莫過於欺詐和違反道德的商品交易醜聞了。這種醜聞一旦傳播開來，就會帶來致命的後果，也就是銷售量的下降，對於每個企業家而言，這是最不希望看到的結果。

我想，你應該不會養成這個作風。因為不正直多半是從家庭開始的，孩子性格最初形成的主要因素是父母，我和你母親都是無比正直的人，你從小受到的都是完全正確的教育。

父母的榜樣力量是最有說服力的。一旦父母以各種方式表現出奸詐的行為，比如在餐廳吃飯結帳時，服務生少算了錢就十分高興，長此以往，想用身教來教育孩子也就變成了無用。

許多父母由於自身的不良行為，在潛移默化中，以微妙的方式在幼小的心靈中傳遞怎麼去對別人撒謊騙人，其結果在孩子長大後會非常明顯地表現出來，嚴重地影響一個孩子未來的人生。我不希望你在這方面出錯，因為我和你母親從來不會因為餐館算錯帳，在你或別人面前表現出十分高興的樣子，我希望你與我一樣有同樣健康的倫理觀。

很久以來，我一直把保持顧客、職員、供貨單位以及銀行關係戶的信用作為個人信條，對管理人員也嚴格要求，我們公司也是以這個方針為基礎建立起來的，直到現在還把它當作最堅實的基礎原則。因為為了獲得這個良好的信譽，所有人都付出了長期的努力，包括我個人在內。我為此感到無比自豪，在我看來身為一名管理者，不損害這個信譽也應該是你的主要責任之一，因為信用具有不可估量的價值。你應該像我長期以來所做的一樣，不是欺騙對方，而是設法光明磊落地去戰勝對方。

只有誠實地去迎接企業的挑戰，才會感受到真正的精神煥發，這就是守信用的最大好處。要加強公司的信譽，在別人評價的時候，會說這家公司是一家信得過的公司，你應該一開始就培養自己和手下的員工具備誠信的品格。

對於一個偉大的企業家來說，誠信比金錢更有價值。金錢的誘惑只是一時的，而品格的純潔則是一生的。我相信你會在金錢與品格之間做出一個正確的選擇。對一個真正的企業家來說，他透過努力獲得的不僅僅是金錢，還有品格的完善。

古希臘哲學家第歐根尼曾經說過：「我在找尋真正正直的人。」愛爾蘭的哲學家喬治・柏克萊說過：「誠信是每個人都應該高舉的標語，但實踐的人又有多少呢？」誠信或許只是極少一部分人具有的不可估量的財富。在企業界內，信譽是奸詐的人花天價也無法買到的，他們無法體驗贏得它的樂趣，就像被閹了的公豬永遠無法獲得擁有小豬仔的樂趣一樣。無論這些人怎麼做，怎麼不擇手段地賺取不義之財，相信在上天的「照顧」下，警察會在某一天敲開他的大門。

所以，我們必須用誠信的方式去賺取我們應得的錢。本來快樂的聖誕，似乎被我這個比較嚴肅的問題破壞了氣氛。不過，約翰，我相信你會理解並接受我的建議的。

我們把話題又轉回了那個沒有聲音的黑白電影，西蒙還向我介紹了不少我從未聽說過的名詞：蒙太奇、好萊塢。我想或許我已經不屬於這個時代，許多我無法理解的東西不斷出現在我的眼前，但我相信誠信是無法被時間帶走的，就像我們現在仍在唾棄那個背信棄義的巴比倫的大祭司和宮廷詩人。

上帝給人們許多條路，而聖人學會走哪條路？

愛你的父親

第九封信：給予的奇蹟

這個世界就是一面巨大的鏡子，你是什麼樣，它就照出什麼樣。如果你充滿愛意、友善、樂於助人，世界同樣展現給你愛意、友善、樂於助人。

親愛的小約翰：

雖然前兩天剛給你寫了封信，但是那天我無意中從你的一個朋友那裡聽說，你已經參加了我們匹茲堡的「認養一位老人」活動，我一高興就又拿起筆來。做出友善的舉動會如此令人身心愉快，我不明白為什麼沒有更多的人願意這樣做呢？很多人覺得幫助別人會令自己感到尷尬，事實上，我們真正應該感到尷尬的是：在別人需要幫助的時候，你卻沒有提供幫助。

這個世界就是一面巨大的鏡子，你是什麼樣，它就照出什麼樣；如果你充滿愛意、友善、樂於助人，世界同樣展現給你愛意、友善、樂於助人。給予是一種創造的行為。當你給予別人時，也覺得自己煥然一新。當我給你寫這封信時，耶誕節已經悄然而至。這是我一年中最鍾愛的節日。在這個短短的假期裡，我們清點一下自己的鈔票，不是去考慮自己的經濟是否受損，而是在盤算我們能給予別人多少。這個季節我們是要讓別人開心，並且在他們的幸福中找到自己的快樂。這是多麼簡單的事情，可又多麼容易被人遺忘。

我認為，我已經明白賺錢和花錢有直接密切的關係。早在我二十歲時，就開始為我一生的財務收支制定了一個計畫，關於賺錢、花費，還有捐助。我清楚地記得，我一生的財務計畫（如果我可以這樣稱呼它）是在何時形成的，那是在俄亥俄州參加一位上了年紀的可敬牧師主持的禮拜上。他在布道中說：「要去賺錢，光明磊落地賺，然後明智地花出去。」我把這句話記在一個小本子上。

這句話和約翰・衛斯理的名言不謀而合：「『能賺錢』者和『能省錢』者若同時又

是『能給予者』，便能獲得更多的神恩。」我想把自己所賺來的金錢用來及時行善，始終熱心地幫助他人，是唯一可以證明我金錢清白的依據。我認為既然上帝給了我看護這些財富的許可，那他一定知道我將把這些錢回歸於社會。

約翰，給予是人類最美好、最有益的行為之一。它有一種神奇的力量，可以使一顆最沉重的心變得溫暖和快樂。真正的給予，不論是金錢、時間、關心或是其他，都會讓我們敞開自己的心靈。它使給予者生活得充實、使接受者感覺到溫暖，某種新鮮的東西從原本荒蕪的大地上生長出來。

要真正明白並且牢牢記住這個道理，並非一件容易的事情。我們本能地把生活建立在獲取的基礎上，我們把不斷累積看作是一種保護自己和家人的方法，或是把獲得金錢作為社會勤奮工作的回報。漸漸地，我們在自己周圍築起了壁壘，使給予變成一種經濟上的交易——我給了別人，就減少了自己的所有——所以即使是微不足道的付出，也要首先衡量我們自身的利益。

即使在我們敞開心靈給予他人時，我們通常還是在尋求別人的注目和稱讚，因為我們的心靈期待著給予後獲得表揚，而不是單純地為他人服務的喜悅。我們成為自身利益的囚徒，看不到真正的成長和幸福，實際上是可以藉由我們一直抵制的東西獲得的。衝破這種束縛的唯一途徑，就是給予別人而不計較回報。

其實，給予是一種創造的行為。當你給予別人時，也覺得自己煥然一新了。兩個剛剛還在為一己私利苦惱的人，突然走到一起共同解決一個問題，溫暖和快樂就會產生。他們的善行創造了一個小小的奇蹟，於是整個世界好像都擴展了。

你千萬不要低估這種奇蹟的力量。太多的人只想做大事，想成為德雷莎修女或阿爾伯特·史懷哲，甚至聖誕老人。他們沒想到，其實只需要輕輕地開啟心靈，我們隨時可以向任何人給予。

親身去體會一下吧！試著去做一件小事：向從未被大家注意過的人問聲好；拜訪你的鄰居，主動提議幫他整理草坪；看到別人輪胎壞了，停下來過去幫忙。或者再擴大一些範圍：買一束鮮花送去養老院；從口袋裡拿出十美元給街上的乞丐，記得要面帶微笑，步履輕盈，不是出於憐憫，只是微笑著遞給他，然後走開。

漸漸地，你就會逐漸明白什麼叫作奇蹟。你會看到卸去鎧甲的心靈，真誠愉快的笑容，你會發現前所未有的人格之力量，也開始理解人類的共通性，而不是那些將我們分隔的東西。不久你就會發現，我們擁有製造幸福與快樂的力量，付出一點關心和熱情只是舉手之勞。你將明白我們有力量透過分享，開啟他人心靈的善良之門。

最重要的是，你還會找到志同道合的其他一些奉獻者。不論你生活在哪裡，或在外旅行，不管你是否聽得懂他們的語言，是否知道他們的姓名，你都會成為他們當中的一員。因為你們能認出對方，你會從那些小小的善舉中認識他們，而他們也會這樣瞭解你。你們會相識，互相擁抱。你會成為善良人中的一員，相互信任、相互依存，並勇於揭示人性中最美好的一面。

一旦成為奉獻者，你將永遠不會孤獨。

我不知道你是否注意到，那些自發幫助別人的人，在遇到困難時都不會孤立無援，就好像變魔術一樣，一定會有人在那裡幫助他，來「回報愛心」。善行會帶動善行，善良總是吸引善良，這是世界上最強大的連鎖反應之一。我們每天都有能力去做一些善事，不必到遠處去尋找需要幫助的人。實際上，可能在我們的隔壁就有這樣的人，只需要一句安慰的話或者一個很小的舉動，就可以幫助他們度過一天。

但是，對於好人的回報很少能像故事中那麼富有戲劇性，並贏得大眾的崇拜，實際上也應該如此。幫助、分享和給予的回報，應該是非常平靜的個人心靈感受：你做了一件讓自己成為更好的人的事，這使你更像自己。在我看來，如果期望自己由於做了好事而受到感謝和公眾的注意，會有損於這個行為的真實性。

在我看來，我們這個時代的無名英雄是那些為了社會進步而無私奉獻的人。每一次你收到你透過美國收養兒童計畫領養的女兒，那個非洲馬里女孩的來信，我都能在你臉上看到幸福的光彩。

最高尚的行為是在個人條件最艱苦的時候做出的。換句話說，在我們最需要安慰的時候去安慰別人，在自己痛苦的時候去減輕別人的痛苦，或者在我們幾乎不能負擔的時候仍然給予和分享，這是最值得我們去做的。

正如十九世紀的詩人菲利普．詹姆斯．貝利所說：「行動可以證明我們的存在，而

不是時間。」所以，繼續向世界奉獻你的愛心吧，也希望美好的事情能夠以「愛心回報的方式」在你身上發生。

愛你的父親

第十封信：慎重對待誘惑

在通往成功的道路上有許多誘惑的停車站，我會盡力抵制誘惑。是的，誘惑必然伴隨著失敗，否則誘惑就是每注必贏的賭注了。

親愛的小約翰：

上次回家，你因為我不同意你制定的投資新計畫，而負氣走了，所以我覺得我們有必要進行一下溝通。

你說你的兩個朋友——懷特和查理希望你和他們合夥投資一項新產業。你認為這是一宗賺錢的大生意而躍躍欲試。在此，我想以一名老實業家的觀點，對你說明投資一項新產業不是如你想像的那麼簡單，它需要你慎重再慎重，必須充分估計合夥經營可能出現的各種情況，因此我希望你重新審視這個投機事業。

我知道懷特和查理，他們既是你的大學同學，又是你們棒球隊的隊員，對吧？他們想和你一起投資大型的建材設備服務，據說利潤是相當驚人的。約翰，你能夠想著去投資是一種好現象，但是在投資前一定要選擇好的投資目標，你不覺得投資大型的建材設備服務離我們的行業太遠了嗎？俗話說：「隔行如隔山。」迄今為止，我們從來沒有涉足過這個行業，是不是有點太冒險了呢？

約翰，你善於信任你的夥伴是沒有錯的，可是你有沒有想過他們為什麼找你合夥，而且一共只有你們三個人？事情並非那麼簡單，如果我沒有猜錯，他們之所以把你拉去合夥投資，似乎是因為你跟我在一起，生意做得很大。如果是這樣，就很容易推測，你的朋友為了他們自己新的事業可以得到後援，期待著我們把利益分流到他們那裡。

我說這些，不是認為合夥經營沒有什麼好處，但是約翰，你必須先弄清楚什麼是合作。**合作是所有組合式的開始，這個過程必須具備三個要素：專心、合作、協調。**只是簡單地把人組織起來，無法保證一定可以獲得傑出的成功。一個良好的組織包含的人才中，每個人都要能夠提供這個團體其他成員所未擁有的特殊才能。

好的合作夥伴是成功的一半，錯誤的夥伴（不論是工作上或個人的）或許比沒有夥伴更糟。最佳搭檔的價值等同於黃金的重量。不過，有時候，恐懼會阻止我們去尋找最佳拍檔。因為許多人擔心他們必須與別人分享利益、決策權，以及隨著計畫或生意而帶來的特權。害怕的態度當然不可能允許我們去做這種事。我們必須克服這個恐懼，因為組合一對勝利搭檔會更符合我們的利益。

決定一個合作夥伴是否適合我們，要考慮幾個重要的因素。如果合作夥伴中的成員大致都在做同樣的事，不可避免地會有這樣的情況出現：其中一個人比另外一個人更辛苦，也更投入。更辛苦也更投入的那個人，會憎恨自己總是拉著另一個人前進；同樣地，被拉著走的那一方也會憎恨另一個人的催促。如果是這樣，他們就算不上是最佳搭檔。例如，兩位辯護律師聯合組成法律事務所，到了年底，他們彼此都可能懷疑自己從合夥關係上沒得到什麼好處，因為每一方都有做對方工作的能力。但是，如果一位辯護律師與一位公司律師合夥，通常到年底的時候，每個人都會說：「感謝老天給了我一個合夥人——要是沒有他，我真不知道該怎麼辦。」

透過這個例子，我們可以看出比較理想的模式是，每個夥伴最好可以提供不同的專業技術和貢獻。比如：一個擅長細節的計畫，另一個擅長促銷和公開演講；一個擅長推銷，另一個擅長內部機制的管理和品質監督。一對好的搭檔就好比一樁天作之合的姻緣——必須小心挑選。如果我們能夠真正做到結合正確的技術、工作倫理和視野，就可以組織一對最佳搭檔。

幾乎在所有的商業範圍內，至少需要以下三種人才——採購員、銷售員以及熟悉財務的人員。這三種人互相協調，並且進行合作以後，他們將透過合作的方式，使他們自己獲得個人所無法擁有的強大力量。

許多商業活動之所以失敗，主要是因為這些商業所擁有的，是清一色的銷售人才、財務人才，或採購人才。你呢，約翰，你認為你們是最佳搭檔嗎？還有，約翰，你預備在這項事業中充當什麼角色呢？

你只是持股人，你為他們提供資金，那就是說，你是一個旁觀者，他們使用你的資金，你卻是一個旁觀者。約翰，你很清楚，新從事的產業屬於我們原有的行業範圍，懷特與他那些理科出身的朋友們和你一樣缺乏經驗，如果根本不用藉助產業界的經驗與鍛鍊，只是本能地瞭解產業經營的方法，你們可能是這類天才中的幾位。可是我認為這種可能性實在是太小了。

你想想看，你是三位同等資格的合夥經營者中之一位，你僅僅是出錢的，而懷特、查理一開始都為事業付出努力，他們都是全心全力地投入。可是隨著時間的推移，你們三個人當中將有一位或兩位會在半路就失去興趣，這種現象是很普遍的。在事業成功的時候也會如此，沒有任何迴避的辦法。一旦進展非常困難，他們每天必須多花上七、八個小時工作時，這種重擔會把某些人的妻子壓垮，其最終的景象將慘不忍睹。

「約翰這小子日子如此逍遙，每天花上兩小時掏出一百美元去享受午餐，可是我們每天卻像牛一樣辛辛苦苦地工作，這也有點太不平等了。」

「為什麼今晚非得加班不可呢？大夥不是都出去玩了嗎？我賺的一美元有三分之二給了他人，我何苦為了那三分之一的錢而折磨自己呢？」

接下來就是對你萬分的不滿。「為什麼那小子要從我們所賺的每一美元中抽走三分之一呢，他可是什麼工作也沒做！」

人是很容易淡忘的，創立公司時你在資金方面的貢獻，沒有使他們對你充滿感激。在經營者們的腦海中，一直想著的是這樣的事實：「你今天為我們的公司做了什麼？」

約翰，在進行合夥經營之前，你必須考慮清楚費用、不可不付出的犧牲，以及必須忍耐長時間的乏味工作這個現實，還要察覺到困難。如果你下定決心要參與這項新的冒險產業，我期望你能夠取得成功。

在我看來，在通往成功的道路上有許多誘惑的停車站，我會盡力抵制誘惑。是的，誘惑必然伴隨著失敗，否則誘惑就是每注必贏的賭注了。

愛你的父親

第十一封信：管好你的錢包

人們常常會後悔，因為他們想要更多的金錢，以為這樣就能夠隨心所欲，更加快樂，但現實正好相反。

親愛的小約翰：

也許你會覺得我的這種方式有些無聊、可笑，有什麼事情不能當面說清楚，但我卻非要用信件這個間接的表達方式？但我想你是無法理解的。

昨晚，當你說要向我借一千美元來度過這兩個月的時候，我真的十分驚訝。身為我們這個上億資產的龐大公司旗下一個分公司的銷售經理，你操縱著公司的預算、每月的財務報表與資金分配，身處這個要職的你，竟說什麼現在「一文不名」，這讓我感到很意外。在我看來，你還不至於一文不名吧，但你竟對我說「我手頭很緊」。作為你的父親，我覺得有必要和你談談如何管理好個人資金的問題。

作為一位大公司的銷售經理，你私人開銷比常人多一些是正常的，但我沒有想到你的手頭會「緊」到要向你父親借錢的地步。你已經具備了管理大企業的才華，但你怎麼就不具備管理好自己錢包的能力呢？你對這個情形多少應該感到一些羞愧，但也不須過度自責，畢竟這種事也不只限於你一人。

我認識一類人，他們的年收入平均在三萬美元左右，少至一萬美元，多的達五十萬美元，但是無論他們賺的錢是多還是少，卻總是手頭拮据，到了年終也沒有什麼積蓄。要知道，人可以賺很多錢，同樣也有多種途徑花很多錢。這些花很多錢的人都有一個通病，那就是他們在設計所有的理財計畫時目光短淺。花錢對於他們而言，從來就是漫無目的的，因此收入再高也是處於「破產的邊緣」。

許多人最容易犯的錯誤，就是他們常常在扣除所得稅之前的總收入面前迷糊，想要避免這個錯誤，你就應該忘掉稅前的全部工資，而把意識集中於稅後的淨收入。把按月開支的必要經費從所剩的月收入中扣除，剩下的部分才是可以自由支配的金錢。這些剩餘部分，可以有兩種處理方式：一是全部花掉，二是儲蓄一部分。一般而言，每個月必需的開銷有房租，以及分期付款的房屋貸款、水電費、伙食費等，這些都是必要經費；而其餘那些麻煩的支出，大致就不是必要經費了。如果你能夠真正地劃分好自己的資金，也許就能夠用錢有度了。

此外，你還要學會克制自己花錢的欲望。一旦你發現自己偏好某些「欲望」，就要馬上根除刺激的來源，把圍繞物慾方面的話題轉到談論創意和新的想法上。在許多現代人的便利條件中，對多數人而言，有一種是值得詛咒的，那就是信用購物，它是導致衝動性購物的原因，使得每個人都可能會犯消費過剩這種不該犯的毛病，而且次數會不斷增多。買方正是被一些小業主利用了他們的購物衝動性來進行消費，所謂「信用購物」就是賣方誘導我們去花錢，持續花錢，直到消費過剩為止。

有一種方法可以預防過度消費，你不妨嘗試一下，即將一週之內可以使用的現金帶在身上再上街，但是你必須停止所有信用購物專案，僅用現金來維持日常消費。拿著現金去娛樂，有現金才去購物，其實也沒有什麼不對。拿現金去消費，與當今社會中動不動就將人不知不覺地引向破產的信用制度相比較，破產的程度就會大大降低，我想這是不爭的事實。

身為一個男人，你應該避免為打發時間而到商場去閒逛，並且少看那些令人眼花撩亂的廣告，減少不必要的購物欲望。如此一來，你會覺得自己的心思已經不在物質上，會專注於一些更為持久的事物上，你也同樣會節省許多開支。

你現在總說由於你的支出太多，而令你無比頭痛，但是如果我問你錢都花在了哪些方面，相信你肯定會回答記不得，其實真正的大筆支出必須視為大問題而加以重視。毫無疑問，在商界的發展中，你是一個不折不扣的成功者；但是不可避免的問題是，隨著事業的成功，一些物質上的排場也會隨之紛至遝來。

我在報紙上看過一篇文章，是一位專家對當前一些成功者的花費方向之研究，我想你肯定能夠在其中找到自己的影子：三分之二的成功者擁有真跡名畫；幾近半數的成功者擁有古董；百分之三十五的成功者擁有兩幢房子；十分之三的成功者至少擁有三部大小車輛；百分之十五的成功者在自家後院建有游泳池；百分之十三的成功者擁有一間遊戲房；百分之一的成功者擁有一艘私人汽艇；百分之二的成功者建有一個網球場；百分之一的成功者擁有室內球場。你符合其中的幾項呢？

當然，我們對金錢、物質和成功三者之間的關係，必須有一個內在均衡的看法。大部分成就非凡的人士都認為，金錢不是判定他們成功與否的重要標誌，高收入被視為成功的副產品，並非成功的原因。有一點，你一定要牢記，財富不是指你可以賺，並且擁有多少錢，而是你賺的錢可以讓你過上什麼樣的日子。或許這沒有什麼差別，因為你會認為你賺的錢越多，就可以負擔更多一些別人無法負擔的東西，而你的生活也會越來越美好。

但實際上不是這樣，你會發現，賺得越多消費也越多，負擔就會越重，付出的也就更多，這一點不用我說，你也應該深有體會。如果你要擁有財富，第一件事就是要先學會如何依自己的意願去生活，也就是如何把握你的開銷。

如果你賺五百美元花三百美元，會帶給你滿足感；但相反，如果你賺五百美元卻要花六百美元，生活就會變得很悲慘。我的意思是，當你開銷大於收入的時候，就表示你的生活將要出現麻煩了。

我再來談一談有關你的銀行戶頭的問題，存款主要有兩個用途：第一是為了支付無法預期的支出，比如家裡的冰箱因為年久失修無法再使用；第二是支付那些不需要每天支付，但卻需要按年支付的資金，諸如固定資產稅、所得稅的年末申報上繳部分、你孩子的學費等較大的開支。因此為了有備無患，應該在每月的薪水中計算存入銀行戶頭的金額應該是多少，用來付訖分期付款的房屋貸款支出是多少。為此，你必須非常老實地存錢，這些存款就是固定開支，絕對不可以將其挪作他用，用來支付隨時送來的帳單。

由於你現在還年輕，可能還不習慣一個觀念，即考慮一個六十多歲的人考慮的事情。但當我還像你這麼年輕時，就決心對房地產進行投資了。現在，考慮到年老後如何生活的年輕人實在是不多了。他們在退休之後賣掉房產，遷移到容易管理的、費用較少的公寓去，生活費的來源則靠賣房子所得金額之利息就可以了。那個時候，他們的孩子都已經長大成人，因此家中所需的空間也不用太多。年老的人沒必要再為房子掃雪，賦開時敞開家門也不用擔心什麼，這確實是有先見之明，實在算是精細的資金計畫成果。

為何房子是最好的投資呢？按照現行的稅制，房產跟其他的投資不同，購買房子時孳生出的資本利潤無須納稅，它是第二種銀行戶頭，透過還清分期償還的借款，或者透過物價上升後產生的買入價與市場價之間的差異，它所帶來的家庭淨收入就會大幅上升。為了比較得更清楚，最好調查一下必須納稅的投資利潤率，扣除稅金後，你會看到實際純利潤率小得如此可憐，這的確有太大的不同。而且投資於房產，你還可以在擁有它的時候充分地去享受它。其中的美不勝收與溫馨宜人，只有你身臨其境時才可以體會得到。還有一點，我認為在你支出中佔很大額度的，應該是類似於生命保險之類每年支付一次的大支出。當你萬一被逐出生活正軌時，你就知道生命保險金的重要性了，這可以保證你的一家人不需要靠救濟金生活。最好還要考慮生養教育孩子所需的經費。這也將是一大筆錢。即使你不在世，這筆錢也是必需的。

你現在管理著一個大公司，應該會計算必須支付的生命保險金，最好像我一樣，選擇普通終身保險開銷低於收入的生活，以避免出現堆積如山的債務問題，如果沒有控制開銷的概念，花錢就真的像流水一樣。

我想，你應該已經注意到，當前大多數的年輕人無法忍受把錢放在銀行或者家裡，他們常常會用這些錢到南方去過一個溫暖的冬季、買兩輛新款的汽車，或是每個週末去豪華的餐廳享受一番——一旦他們不如此，就會覺得不開心。所以，他們像有了毒癮一樣，周密地制定計畫，將這類美事納入預算當中，可是他們不知道這樣計畫是錯誤的理財方法。

如果你要財富源源不斷，就要不斷地去建構它，雖然控制開銷不能讓你一夜之間或是一年之內致富，但它所建構的是你未來的財富，它確保你能夠更好地照顧你的家人，使你遠離債務的煩惱，你就可以慢慢地，但是肯定會累積出可以創造更多財富的資產，同時你也可以去細細地品味生活的樂趣。

許多人認為自己的命運已經被上帝安排，誰也無法改變。其實錯了！命運是由自己控制的，具體而言就是你每天的生活，只有你自己才有能力改變它。人們常常會後悔，因為他們想要更多的金錢，以為這樣就能夠隨心所欲，更加快樂，但現實正好相反。

我身為你的父親，沒有權利調查你的錢之用途，也從來沒有想過要這樣做。現在你向我借錢，我想這是需要一定程度上的保證的。一千美元按每年百分之二十的利息借給你，以每週五十美元的方式預先從工資中扣除，我已經把這個意思明確地寫了下來，希望你簽字認可。或許你會說我過於嚴厲，但是從今以後，當你為付清「預想不到的花費」而想借款時，恐怕這樣的條件還不夠吧！

愛你的父親

第十二封信：拒絕任何藉口

除了藉口，你給予什麼——就得到什麼；除了藉口，你送出什麼——就拿回什麼；除了藉口，你播種什麼——就收穫什麼。我們給予得越多，得到的回報也越多。

親愛的小約翰：

我的孩子，得知你投資在股市的錢損失了，我也有點痛惜，當然不是為了錢，而是你的態度，你說你是被一個名叫詹姆斯・基恩的著名股票交易商騙了。其實，你有沒有意識到這只是一個藉口。我不會指責你和大發雷霆，也不會喋喋不休地教導你以後應該要如何做。

這是我的典型作風：真正的教訓就在於我什麼也不說，什麼也不做。

我因為你找藉口為自己開脫而不高興，不知道你是否意識到你總有一些小節上的錯誤，而且總是會找到一些藉口。你習慣於用藉口來為自己掩飾，而且常常為自己一次藉口的成功而暗自得意。但是，洛克菲勒家族的觀念是不要帶著藉口去工作。在洛克菲勒家族裡，我接受的一個觀念就是，優秀的人從沒有藉口。一個男子漢在失敗時不是去找藉口，而是勇敢地承擔責任，努力找到完成任務的方法。

你對自己要誠實，找出讓你犯錯的真正根源，並且想辦法將其消除或減少。有了過失的時候，應該找出真正的原因並且坦白，然後加以彌補。不要以為自己的藉口總能讓他人相信，要知道這只是自欺欺人，結果會讓你很尷尬。一個人犯了錯誤不要緊，怕就怕犯了錯誤卻不承認錯誤，這是最不可以原諒的事情。一個人在面臨挑戰時，總能為自己未能實現某種目標找出無數個理由。實際上，你應該拋棄所有的藉口，找出解決問題的方法。

約翰，我們在生活中常常會遇到這樣的人，明明他在某件事情上犯了嚴重錯誤，可是為了推卸責任，他往往要展示他自以為是的口才，為自己的錯誤進行一番狡辯，試圖將自己從責任圈中脫身，而將所有的責任都歸罪於他人或其他的客觀原因。這樣的人，也許會有一兩次成功地為自己開脫了責任，可是正是由於這一兩次的成功，便使他更加認為自己的能耐很大，做任何事都不會有危險。於是他們的膽子越來越大，犯的錯誤也會隨著膽子的增大而增多，因此他們便一次又一次地尋找理由為自己開脫，直到有一天再也無法開脫，墜入無底的深淵而萬劫不復。

安東尼，是一位長期在公司底層掙扎，隨時面臨著失業危險的中年工人。有一次他來到我的辦公室，他講話時神情激昂，抱怨他的上司不願意給他機會。

「你為什麼不自己去爭取呢？」我問他。

「我曾經也爭取過，但是我不認為那是一種機會。」他依然義憤填膺。

「能告訴我那是什麼嗎？」

「前些日子，公司派我去海外營業部，但是我覺得像我這樣大的年紀，怎能經受如此折騰呢。」

「為什麼你會認為這是一種折騰，而不是一種機會呢？」

「難道你看不出來嗎？公司本部有那麼多職位，卻讓我去如此遙遠的地方。我有心臟病，公司所有的人都知道。」

我無法確認是否公司裡所有人都知道這位先生有心臟病，如果是這樣，我希望他肝火不要那麼旺盛，我更傾向於認為他犯了一種最嚴重的職業病：找藉口開脫自己。

那些認為自己缺乏機會的人，往往是在為自己的失敗尋找藉口。成功者不善於也不需要編織任何藉口，因為他們能為自己的行為和目標負責，也能享受自己努力的成果。藉口總是在人們的耳旁竊竊私語，告訴自己因為某些原因而不能做某事，久而久之，我們甚至會潛意識地認為這是「理智的聲音」。假如你也有此類情況，請你做一個實驗，每當你使用「理由」一詞時，請用「藉口」來替代它，也許你會發現自己再也無法心安理得。

其實，為自己開脫的最好辦法，就是盡可能不犯錯誤。如果萬一犯了錯誤，也不要想盡辦法地掩飾，不妨老實地承認自己的錯誤。你要知道，你越是設法掩飾自己的錯誤，你的錯誤反而會越發彰顯，這就是所謂的欲蓋彌彰。在你老實地承認錯誤的時候，你會發現別人沒有因為你犯了錯誤而輕視你，相反地，大家對你的誠實會表示讚賞。

總是尋找藉口為自己開脫的行為，是一種耍小聰明的手段，而這種耍小聰明的手段註定是不會長久的。因而我建議你，無論在什麼情況之下，還是誠實一些的好。

有些人在被需要的時候，往往習慣地用生病作藉口。你生病的日子似乎常常是安排在週末或假期附近，你的「生病」總讓人有一種巧合的感覺。我建議這些人不要濫用病假，還是多考慮自己缺席給其他人帶來的影響。要誠實，需要放假應從實申報，或者在自己的假期中扣除。如果你確實大病不宜工作，那你應該在上班前就盡早通知你的上司。要避免無病裝病，更不要把生病當作藉口。

生病，對於很多人來說，是可以休息的藉口，儘管誰都不願意自己生病，但是生病卻往往又被許多人利用。尤其是那些不願意工作的人，往往會藉口自己生病了，便獲得一、兩天可以逃避工作的時間，這樣的事，我想幾乎每個人都碰到過。

我們都知道，任何一個部門對生了病的人都不會有太嚴厲的要求，因而以生病為藉口獲得休息的機會，對許多人來說自然也就成為首選。可是，如果你真的生了病，當然是需要休息的，這本無可厚非，而且也是應該得到允許的。如果只是為了獲得休息的時間而謊報病情，那就不值得了。雖然你可能一時欺騙了你的上司，但是若以此為習慣，有了什麼事便以生病為藉口，你的一生也就在不知不覺之中染上了一種怪病；尤其是有意識地謊稱生病，這就值得考慮了。你要知道，如果你謊稱自己生了病，你必然要為自己的這個謊言找個證據，這樣一來，本來沒有病的你，卻變成真正的病人，一個患了心理病的病人。

如果你是一個清醒的人，應該知道一個人生理上有病不可怕，可怕的是心理上的毛病。一旦這種毛病在你的身上潛伏，你這一生都將無法獲得解脫，將會永遠成為它的奴隸，進而不自覺地受它的控制。想想看，如果到了這樣的程度，你不覺得可怕嗎？

所以我要勸你的是，不要總是以生病為藉口，如果你想得到假期以便休息，最好還是走點正路。一個總是說自己有病的人，就算是健康的，最終也會損害自己的健康，進而變成一個真正的病人。當然，如果你真的希望自己是一個病人，那就另當別論了。

如果你發現自己經常為沒做某些事而製造藉口，或想出千百個藉口為未能實施的計畫而辯解，我勸你最好還是自我反省一番。改掉找藉口的惡習，趕快開始努力工作吧！**你的觀念就是對待工作要有一個誠實的工作態度，不要帶著藉口去工作。**除了藉口，你給予什麼——就得到什麼；除了藉口，你送出什麼——就拿回什麼；除了藉口，你播種什麼——就收穫什麼。我們給予得越多，得到的回報也越多。

愛你的父親

第十三封信：信譽與資本結盟

信譽是商人的生命，講信用的人處處可以得到銀行的資助；而不講信用的人，銀行不會給他一毛錢。

親愛的小約翰：

最近，你跟巴特行長之間鬧得有點不愉快，聽說你甚至賭氣說，我們不需要華爾街的支援。我想你錯了，孩子。我們公司目前的情況可能不需要更多的流動資金，可是你知道嗎，資金對我們來說太重要了？信譽是商人的生命，講信用的人處處可以得到銀行的資助；而不講信用的人，銀行不會給他一毛錢。

當年我辭職後為籌建自己的公司四處找錢，可是沒有一家銀行願意借錢給一個沒有任何擔保的年輕人，他們認為這是一件冒險的事。當我正為籌錢苦惱時，你的祖父告訴我，他自己一直想等每個孩子到二十一歲時給他一千美元，現在決定提前給我。「不過，約翰」因為怕我喜出望外，他接著又說，「利息是百分之十。」

但我對你祖父瞭若指掌，根本不指望白拿錢，便接受了這筆高出當時市面利率一分的貸款。也許有人會替我喊冤，而且納悶，為什麼我會接受如此刻薄的條件？因為我太瞭解克里夫蘭借款和貸款的情形了。雖然從為人的角度而言我十分值得信賴，但是我的手上沒有很多的籌碼，也就是說我是一個沒什麼身價的人。對於這樣的人，如果他找不到一個有錢有勢的人為他作擔保，沒有人會願意把錢借給他的。在克里夫蘭肯為我作擔保的人太少了，你祖父就是其中一個，我何苦捨近求遠呢？倒不如直接向你祖父借錢來得痛快。而且以我對自己父親的瞭解，他最多是向我玩弄一下他那過度的老謀深算，反正向他借錢不需要擔保，我何樂而不為？

總之一切就緒，資金到位之後，一切開始運轉起來了。新公司生意出奇得好，把我們幾個合夥人樂壞了。可是過不了多久，老問題又出現了——我們還是需要大量資金，我不得不再次求助於銀行。

那段時間，我辛苦地奔波於銀行與私人金融家之間。我的努力總算沒有白費，我得到了第一筆來自外人的貸款，它來自一位名叫楚曼・漢迪的和藹仁慈的老銀行家，對方同意用倉庫收條作為附屬抵押品。

我拿到這筆兩千美元的貸款後，走在街上就像騰雲駕霧般。「想想吧，」我在心裡說，「銀行竟然借給了我兩千美元！我覺得我在這一帶已經有地位了。」漢迪讓我發誓，絕不用這筆錢去做投機生意，我感覺到，自己在克里夫蘭金融界結識了第二位對我影響匪淺的良師益友。嚴肅正派的漢迪除了是一家銀行的總經理之外，還擔任一所教會學校的校長，他是從以撒・林伊特那裡打聽到我的品行和生活習慣的。

我意識到，一個人的信譽等級取決於他的品行之可靠程度，而我在伊利大街浸禮會布道教堂裡的幹部地位，則使我博得了各家銀行的青睞。看來在商業貿易中，一個人的信譽絕對是最重要的。

我記得以前曾有一段時間，由於我們公司總是沒有足夠的車來裝運麵粉、穀物和豬肉，這是一個不僅現在而且以後也將困擾我們的問題。於是我就經常纏著一位鐵路官員不放，弄得那個年齡比我大的人忍無可忍，用手指著我厲聲說道：「小夥子，我要你明白，別把我當成是替你跑腿的！」

與此同時，我們公司最好的客戶逼我違反傳統的行業慣例，要我在拿到提單之前就把錢交給他。我沒有答應，但又不想失掉這個客戶。結果他朝我大發雷霆，到頭來我還得再丟一回臉，向合夥人承認我沒留住那個客戶。直到最近我才得知，那人不講理的做法原來是當地一家銀行設下的陷阱，想考驗一下這個年輕人能否經得起誘惑，堅持一貫的原則。看來現在我應該已經在克里夫蘭樹立了守信用的真正好名聲，這個名聲比任何有錢人或官員的擔保都更有價值。

後來，我成為俄亥俄州銀行的董事。這對我個人來說其實不意味著什麼，因為我幾乎沒有時間去討好那些古板守舊的銀行董事們，也沒有精力把那些社交的繁文縟節放在心上。對於那些董事會議，我一開始還會去參加，幾個上了年紀的紳士一本正經地圍坐在桌子旁，熱烈地討論由於用新型金庫鎖而引發的問題。這本身沒什麼不對，可我是個忙人，即使在那種時候也不能閒著，實在沒工夫去開那種會。

但是我必須承認，成為這樣的董事與以前成為一家火災保險公司的董事一樣，可以使我更輕易地獲得我需要的資金，不必像以前那樣，以一個有求於人的弱者身分出現。

要知道，想為大有進展的工商企業謀求資金是一件多麼困難的事，難得幾乎不能想像。如果我曾經落到幾乎卑躬屈膝的地步，那就一定是因為我要不斷向銀行家借貸。在一開始，我們不得不去求助於銀行——幾乎是跪著去的——為我們提供資金和貸款。在和銀行打交道時，我總是在謹慎與冒險之間來回徘徊，我常常在上床時擔心自己如何償還龐大的貸款，睡了一夜後又來了精神，決定再去借更多的錢。

南北戰爭之後發行了新的綠色紙幣，建立了全國性的銀行系統，大量發放貸款來刺激戰後經濟的發展。我在很大程度上就是靠貸款支撐的，我在杜魯門・漢迪和其他克里夫蘭銀行家那裡借到了巨額貸款，因為他們信任格外有前途的青年企業家。我要讓他們知道，我是一個正在崛起的新星，使他們覺得藐視我就會自食惡果。

一天，我去找一位名叫威廉・奧提斯的銀行家，此人曾經允許我借到最大限額的貸款。這一回，銀行的部分董事表示擔憂：洛克菲勒是不是又來說貸款的事？「我在任何時候都很樂意展示我的償還能力，」我回答道，「下個星期我需要更多的錢。我可以把我的企業交給你們銀行。我很快就會籌到一大筆錢去投資。」

於是，我取得了他們的信任，並且與他們建立良好的合作關係。在這樣一個時代，想在貸款方面取得成功，就一定要懂得如何去安撫神經緊張的債主，基本做法之一就是借錢時從不顯得過於急切。我記得這樣一件事情：一天，我一邊在街上走著，一邊琢磨如何借到急需要用的錢。當地一位銀行家把馬車停在我身邊，出乎意料地問道：「你想不想用五萬塊錢，洛克菲勒先生？」我當時真想馬上答應，因為我幾乎抑制不住興奮地想跳起來了。但我還是穩住了自己，反覆打量了對方的臉之後，慢條斯理地說：「您能給我二十四小時考慮一下嗎？」我認為，正是這樣的拖延，使他願意以最有利於我的條件達成借款協定。

取得信任的最好方法，是使自己在性格上堪稱楷模，對這一點我是很有自信的，特別是在浸禮會派企業家當中，更是如此。

此外，還有一些東西是必須堅持的，那是讓銀行家們對我深信不疑的東西，換句話說，我的做人原則讓我值得信任。例如，我在陳述事實時堅持講真話，討論問題時從不捏造或含糊其辭，而且我會迅速地還帳。

我不得不承認，在我創業之初，銀行家們不知有多少次把我從難以翻身的危機中解救出來。有一回，由於我的一個煉油廠失火，在尚未獲得保險公司的賠償時，一家銀行的董事們對於是否給我追加貸款的問題猶豫不決。

這時，銀行的斯蒂爾曼・威特董事挺身相助，他讓一個職員拿來他的保險箱，把手一揮說道：「聽著，先生們，這些年輕人都是好樣的。如果他們想借更多的錢，我要求本銀行毫不猶豫地借給他們。如果你們想要更保險一點，這裡就有。想拿多少就拿多少。」

我由衷地感謝斯蒂爾曼・威廉特先生對我的幫助，他的話以及他的行動，使我得到了更多的信任和支持。由衷地感謝上帝，讓我一次又一次地度過難關。

每一次投入戰鬥，都必須有雄厚的資金支援才行，否則是無法取得成功的。我努力保證我的手裡總是擁有足夠的備用金，因為就憑那些無比雄厚的資金，我可以在許多競爭場合取得勝利。我還清楚地記得，我有一次在危急之中得到銀行的鼎力相助，迅速買下一家煉油廠的經過：

這件事需要好幾十萬美元——而且要現款，證券行不通。

我大約是在中午時分得到的消息，還得趕上三點那班火車。我跑了一家又一家的銀行，請求我第一個見到的人——不管是總裁還是出納——能弄到多少就為我準備多少，告訴他們過一會兒就來提錢。我跑遍了城裡所有的銀行，接著又跑第二圈去取錢，一直到籌到足夠的數目為止。我帶著這筆錢上了三點的火車，做成了那筆生意。

這件事讓我更深切地明白，要在緊急關頭處理好問題，必須在平時和各大銀行保持長期的信任關係。

愛你的父親

第十四封信：挑戰人性的弱點

人類天性中的悲劇之一，在於我們所有人都很容易怠慢眼前的生活。人們夢想遠方迷人的玫瑰花園，卻不去欣賞盛開在窗前的玫瑰花。

親愛的小約翰：

你要認清人性中的弱點。我們辦事的時候針對這些弱點下手，就會事半功倍，順利成功。這裡的「弱點」既可以是別人的，也可以是自己的。瞭解人們通常的弱點，使你在日常交往中能夠進展順利；瞭解自己的弱點，使自己可以揚長避短，建立美好的人生。太陽能比風更快脫下你的大衣，仁厚、友善的方式比任何暴力更容易改變別人的心意。人類天性中的悲劇之一，在於我們所有人很容易怠慢眼前的生活。人們總是夢想遠方迷人的玫瑰花園，卻不去欣賞盛開在窗前的玫瑰花。

不知道是由於我自己的無所畏懼，還是我身邊的年長者之優點實在乏善可陳，我最近總是看到他們的弱點和短處，而且彷彿比那些年紀大得多的人看小孩子更為準確。塞迪在聽完我對公司最近發生的一些事情之評論後，特別是對於最近休伊特官司不斷的看法後，笑著說我長著一雙銳利的冷眼，我以前在休伊特&塔特爾公司裡觀察年長者時用的，就是這雙眼睛。

我向來尊敬我的上司，但從不把他們奉若神明，我總是能看到他們的短處。在公開場合裡，以前我對比我年長二十五歲的以撒・休伊特表現出極大的尊重，但私下卻對他刻薄許多。事實上，他的確是一個不知足的人，在投機上的欲望總是過於強烈，金錢的誘惑使他在許多時候喪失理智。

我想，他的經營之道可能伴隨著整個公司的不斷擴大，而顯得快要招架不住了。所以他選擇了許多鋌而走險的事情，最壞的一件事莫過於用一張虛假的貨品清單，矇騙了一個中部的老主顧，他後來官司纏身也是自找的。可能有時我的話是尖銳了一點，但是以前作為那家穀物代理行的職員，即使是個小職員，我認為我一樣有責任提醒同事們，也隨時提醒自己，提防這種貪婪、焦躁和急功近利的情緒出現。

最近這段日子，工作開始變得繁重，我把我的時間安排得十分緊湊，甚至忘了還得留下點時間做一下自我反省，特別是在不久前我剛剛意識到自我反省的重要性之後。我知道這樣的想法跟我所在的國家之文化環境和教育密切相關，由於教育的原因，人們從孩提時就開始學會監督、審視自己的行為。

班傑明・富蘭克林在他去世以後出版的《自傳》裡，描述自己如何記下一筆筆行為道德流水帳，以便使自己每天的善舉和惡行一目瞭然；威廉・惠特尼有一個筆記本，裡面全是一小段一小段的說教。我雖然不能堅持每天寫日記，但是我仍然像一個虔誠的清教徒一樣，仔細檢查每天的一舉一動，調整自己的各種欲望，以期從自己的生活中消除未加檢點的自發行為和不可預測的因素。一旦我即將被野心所吞噬時，良知就會提醒我有所克制。

但是最近我因為事情突然變多而懶於自省，使自己陷入一種讓我十分恐懼又不能自拔的狀態中。在最近的一個星期裡，由於每天要在休伊特&塔特爾公司工作很長時間，我總是陷於事務纏身而不能自拔。我每天早上六點半上班，中午買個便當在辦公室裡吃，而且經常吃過晚飯後又回來工作到很晚。今天我決定擺脫這種工作狂的心態，約定自己在以後的三十天裡，晚上在辦公室的時間不得超過十點。好的，記住這可是我向兒子發的誓言，我不可以讓一種狂亂的工作狀態，野蠻地佔據我的私生活！

我一直都認為自己有非常良好的生活習慣。每天早上，我會準時到公司上班，儘管我出身於生活節儉的農村家庭，但是我認為衣著考究非常重要，是對別人的尊重，也是對自己的尊重，這一點可能會出乎很多人的意料。我會讓自己的衣著看起來纖塵不染，我也習慣於戴手套和絲質禮帽，並且提著雨傘。

我最看重的是皮鞋是否擦得乾淨，並且以此來要求我的員工，一個連自己都無法收拾整齊的人，是無法做好工作的，所以我為每個辦公室免費準備了一套擦鞋用具。我不喜歡見人，也很少會見陌生人，每天早上與員工們打完招呼以後，我就會一直留在辦公室裡工作。通常，我喜歡別人用書面形式與我聯繫。

約翰，最近我的脖子經常疼得很厲害，也許是工作太累的緣故，於是我就去騎馬，一半是為了取樂，一半是為了療疾。我下午離開辦公室，騎上一匹快馬讓牠拚命地跑：快步小跑、慢步、飛奔，換著花樣進行。你母親也喜歡騎馬，我倆經常結伴而行。我對不聽話的馬從來不採取粗暴、強制的手段，而是認真地瞭解牠們，以極大的耐心溫柔地加以安撫。

你叔叔威廉也經常和我一起去騎馬，我總是比他先到達終點。他每回都累得滿頭大汗，和他的馬一樣，我的馬也渾身是汗——不過我卻是一點汗也不出。我總是對我的馬說話——悄悄地、冷靜地說——從來不激動。這讓我保存體力，更加鎮定自若。其實，這和管理企業是一樣的，掌握好的技巧和方法，不須費很大的力氣就能夠輕易控制，處理各種事情都會感到遊刃有餘。

事業上的進展有時會讓我覺得自己忽略了家庭——你母親和你，但我不能容許自己是個沒有盡責的丈夫和父親。我從你祖父那裡學了很多東西，比如如何賺錢、如何管理財富，但我對他在生活上的做法卻不敢恭維。我小時候就曾經聽說關於他和一些女人的傳聞，我認為那是一種罪過。所以我不會在這些方面與他有任何的相似。我不抽菸、不喝酒，對於和女人調情，我甚至極其厭惡。有人說，在這一點上，我和傑伊·古爾德很相像。是的，我們都是在生活上極其嚴肅的人，這樣的生活方式讓我感到舒服和安心。

在生活上，我和你母親志同道合，我們和邪惡的東西格格不入，我們喜歡用我們對上帝的信仰來限定自己全部業餘活動的範圍。我們經常預訂音樂會的座位，而很少看戲劇和歌劇，因為那些對我們來說實在是過於粗鄙。我們遠離不知底細的社交場合，以免遇到不必要的麻煩。我們在親戚、同事和教友的小圈子裡與人交談，從來不去夜總會，也不去參加宴會，讓我們的生活多一分寧靜，少一些嘈雜。

有人說夜總會和宴會是交際的良好場所，但是我不這麼認為。我對夜總會毫無興趣，我會在白天上班的時間裡會見所有我需要的人。我的家人寧願我待在家裡——哪怕就是倒在安樂椅上打鼾，也比晚上出門好，況且我也喜歡待在家裡。我特別喜歡和牧師們在一起，他們那親切和藹的布道人氣質，很合乎我的性格，他們總是讓我感到安靜。

有人說我是個只知做生意的乏味的人，是辦公室的奴隸，這種不瞭解我的說法讓我感到憤怒。如果一個人每天醒著的時候，把時間全用在為了錢而賺錢上面，是很可悲、很可憐的一件事，所以我絕不會那樣。我常常用讓我自己比較舒服的節奏來工作，也許會比許多其他管理人員還要更從容一些。每天午飯後我都會睡個午覺，晚飯後也經常躺在沙發上打個盹；有時候，我甚至會溜班，少工作，多到外面走走，享受新鮮空氣和陽光，多給自己一些鍛鍊的時間。

現在，我在住處和辦公室間接了一條電話線，這樣一來，每星期就能有三、四個下午待在家裡，種種樹、栽栽花、曬曬太陽。我這樣做並非純粹為了消遣，而是把工作和休息結合在一起，以便自我調節，提高效率。我一向認為：做事不搶時間，不求多，穩穩當當地做，就能做許多事情，這有多好。

我的生活節奏很有規律，也許外人看來似乎很死板，但我卻覺得只有這樣才活得踏實。我幾乎沒有時間像一般人那樣遊手好閒，更不用說沉溺於不正當的事。我把時間嚴格地分成一段一段，每小時都做了嚴密的安排，不是處理業務、參加宗教活動，就是與家人在一起或鍛鍊身體。正是這些日常安排，使我得以緩解生活上的各種壓力，否則這些壓力就會變得無法應付。

愛你的父親

第十五封信：選擇行動

任何空談都是毫無意義的，行動決定一切；一百句空話抵不上一個實際行動。

親愛的小約翰：

你現在很苦惱，不知道在高級經理人研修班與工作之間如何選擇。事實上，任何人做出選擇都不是那麼輕而易舉的事。每當我面臨選擇時，我就對自己說，不管怎麼樣下一個五年都要過去的。這句話以神奇的方式使我做出了明智的舉措——選擇行動。但是，如果不是在做或不做之間，而是在做這些還是做那些之間做出選擇，那該怎麼辦呢？當我意識到如果交付上學的學費，我就要花掉我長期存下來買睡椅的錢時，我就碰到了這樣的問題。

「當兩者都定不下來時，兩者都做。」一個朋友對這種情況說了一句似非而是的妙語。當我問他是去新英格蘭還是去賓夕法尼亞看秋色時，他就用這句話回答了我，當時我感到莫名其妙。但當我們拿出地圖一看，發現從俄亥俄州往北到新英格蘭，然後經賓夕法尼亞繞回來是完全可行的，而且一路都是在萬紫千紅的花叢中旅行。

約翰，我發現自己在所有的情況下都習慣使用這句話。我是去鄉下度週末，還是應邀參加城裡的一個星期日午餐會呢？當兩者都定不下來時，兩者都做。去鄉下，但早些回來。我是繼續進修，還是去找一個工作呢？繼續上學，同時也工作。這句格言的深刻涵義在於：它提醒我們，在大多數情況下，我們可以把兩種選擇都付諸實踐，也就是說要選擇行動，這樣遠比只選擇一種而放棄另一種要好。

約翰，你有時是否覺得什麼選擇也沒有？其實這是無稽之談，你總會有選擇的。你不過是認為你可以做的只有一件事——而這件事幾乎總是別人想做的。當你覺得束手無策時，換一個地方挖一個洞，從一個不同的角度來看問題。

你可以思考了又思考，權衡了再權衡，但你很少能精確地預測到你做出的任何決定之結局：發生的一切通常都是不可預料的。當你從事一項偉大而艱巨的工作時，有些事情看起來幾乎是不可能的。但如果你每次做一點，每天做一點，突然間就發現這項工作已經完成了。

那些成功者，那些冒極大風險做出決定又持之以恆的人是怎麼做的呢？最有說服力的是他們向自己提出的問題：可能發生的最壞事情是什麼？當我問你的阿里漢叔叔，怎麼有勇氣離開他在紐約市一家公司中萬人矚目的職位，而到新罕布夏經營自己的小生意時，他的回答是：「我希望開始我自己的生意。」

可能發生的最壞事情是什麼呢？我可能失敗，可能傾家蕩產。如果我傾家蕩產，可能發生的最壞事情又會是什麼呢？我將不得不做任何我能得到的工作。此時可能發生的最壞事情是什麼呢？我又會厭惡這種工作，因為我不喜歡受僱於別人，於是我會再去找一條路來經營我自己的生意。然後呢？我將會獲得成功，因為我知道如何避免失敗了。

對你的生活負責，你就要尊重自己的意志。一個八十歲的朋友，為自己是住在家裡還是進療養院而思慮再三。他的年齡是個事實，他每況愈下的健康也是個事實，權衡這些事實，選擇安全的療養院，該是多麼明智。然而，令人稱絕的是，他沒有理會這些事實，而選擇留在家裡，一直到現在。如今，他已經八十六歲了，不需要朋友們很多的幫助，他自如地應付著一切，幸福地過著愉快的獨立生活。

另一個老朋友做出相反的選擇，他說：「我累了，我現在需要別人的照顧。」他的要求得到了滿足。他被供養起來，被放在床上，被挪來挪去，他現在對此厭惡極了。因此，你在做出選擇時一定要慎重——你可能會自食其果的。

艱難的選擇，如同艱苦的實踐一樣，會使你全力以赴，會使你更有力量。也許隨波逐流是輕鬆的，尤其在面臨的選擇是轉入逆水行舟時，它可能是很有誘惑力的。但有一天回首往事，你可能會意識到：隨波逐流雖然也是一種選擇——但絕不是最好的一種。

選擇行動才是最重要的。你的生活不是試跑，也不是正式比賽前的準備活動。生活就是生活，不要讓生活因為你的不負責任而白白流逝。要記住，你所有的歲月最終都會過去的，只有做出正確的選擇，你才有資格說你已經活過這些歲月。你必須自己思考，並且付諸行動。即使做出的決定未能如願以償，但採取行動能夠增加採取更多行動的可能性；什麼也不做只會增加下次有所選擇的可能性，到時候你肯定又會隨波逐流。

你應該奉行今天就行動的原則。不要把今天的工作推遲到明天去做，一定要今天的工作今天完成，爭取今天完成明天的工作。如果你想要衝破你的人生難關，現在就去做！如果你現在不去做，你永遠不會有任何進展。如果你現在不去行動，你將永遠不會有任何行動。沒有任何事情比下定決心、開始行動更有效果。

愛默生說：「沒有任何想法比這個念頭更有力量，那就是：時候到了！」以我的看法而言，創造出天地萬物的全能上帝，不會毫無緣故地賦予你希望、夢想、野心或創意，除非你行動的時機已到！

大多數人只能庸庸碌碌地過一生，那不是因為他們懶惰、愚笨或習慣做錯事；大多數人不成功的原因在於，他們沒有做對事情，他們不曉得成功和失敗的分野何在。要達到成功的第一條守則就是：開始行動，向目標前進！第二條守則是：每天繼續行動，不斷地向前進！

不要等待奇蹟發生才開始實踐你的夢想。今天就開始行動！對肥胖的人來說，每天散步不是一件多麼大不了的事，但是一旦付諸實行後，這就是一件大成就，何況，散步的確會讓你的體重明顯下降。除非你開始行動，否則你到不了任何地方，達不到任何目標。趕快行動，否則今日很快就會變成昨日。如果不想悔恨，就趕快行動。行動是消除焦慮的妙方。行動派的人從來不知道煩惱為何物，此時此刻是做任何事情的最佳時刻。

如果總是認為應該在一切就緒後再行動，那你會永遠成不了大事。有機會不去行動，就永遠不能創造有意義的人生，人生不在於有什麼，而在於做什麼。身體力行總勝過高談闊論，經驗是知識加上行動的成果。若想欣賞遠山的美景，至少得爬上山頂。上帝給了你大麥，但烤成麵包就得靠自己。生命中的每個行動，都是日後扣人心弦的回憶。能者默默耕耘，無能者則光說不練。

你現在就可以開始行動，朝著理想大步邁進。行動的步驟應該有哪些？把它們一一列出來，然後開始逐項實行。今天馬上行動！明天也不能懈怠！每天都要持續行動，起步向前走！當你要擴展銷售業績，你的行動項目就應該包括增加拜訪客戶的次數。如果你只拜訪了幾個客戶，你就應該再多拜訪幾個，設定每天的目標，並且嚴格遵守。

如果你需要接受特殊的職業教育訓練，就馬上去報名參加，交學費、買書、上課，並且認真做功課；如果你想學油畫，那就先找到適合你的老師，購買需要的畫具，然後開始練習作畫；如果你想要旅行，那現在就開始安排行程，著手規劃。

任何空談都是毫無意義的，行動決定一切；一百句空話抵不上一個實際行動。無論你的人生難關是什麼，你今天都要開始行動，並且堅持不懈！

約翰，今天就是行動的那一天！

愛你的父親

第十六封信：做一個裝傻的聰明人

沒有不幸經歷的人，反而不幸。把一頭豬好好誇獎一番，牠也可以爬到樹上。自作聰明的人是傻瓜，懂得裝傻的人才是真聰明。

親愛的小約翰：

明天，我要回老家克里夫蘭處理一些我們家族的事情。我希望在此期間，你可以幫我處理一些事務。但是我提醒你，如果你遇到某些棘手或是自己拿不定主意的事情，你要多向蓋茲先生請教和諮詢。蓋茲先生是我最得力的助手，他忠實真誠、直言不諱、盡職盡責，而且精明幹練，總是可以幫我做出明智的抉擇，我非常信任他，我相信他一定會對你大有幫助，前提是你要尊重他。

兒子，我知道你是布朗大學的優秀畢業生，你在經濟學與社會學方面的知識非常優秀。但是你應該瞭解，知識原本是空的，除非把知識付諸行動，否則什麼事情也不會發生。而且教科書上的知識，幾乎都是那些皓首窮經的知識匠人在象牙塔裡編撰出來的，難以幫你解決實際問題。我希望你可以去除對知識、學問的依賴心理，這是你走上人生坦途的關鍵。

你要知道，學問必須加以活用，才可以發揮作用，要成為可以活用學問的人，必須先成為具有實行能力的人。**實行能力從哪裡來？在我看來，它就潛藏在吃苦之中。**我的經驗告訴我，走過艱難之路——布滿艱辛、不幸、失敗、困難的道路，不僅可以鑄就我們堅強的性格，我們賴以成就大事的實行能力也會應運而生。在苦難中向上攀爬的人，知道如何千方百計地去尋找方法，讓自己得救。處心積慮地去吃苦，是我篤信的成功信條之一。

也許你會譏諷我，認為沒有什麼比想要吃苦更傻的。不！沒有不幸體驗的人，反而更不幸。很多事情都是來得快去得也快，那些實現一夜成名、一夜暴富夢想的人們，有誰不是很快就銷聲匿跡了？吃苦所得到的，是將你的事業大廈建立在堅實的地面上，而不是流沙裡。我們要有遠見，只有長時間的吃苦，才有長時間的收穫。

我相信你已經發現了，自從你到我身邊工作以來，我沒有給予你任何重擔。但是這不表示我懷疑你的能力，我只是希望你善於做小事而已。把小事做好是做成大事的基石，如果你從一開始就高高在上，就無法體會下屬的心情，也無法真正地善用別人。

想要在這個世界上創造成就，必須借助於別人的力量，但是你必須從做小事開始，才會瞭解當下屬的心情，等到你有一天走上更高的職位，就知道如何讓他們貢獻出全部的工作熱情。

兒子，世界上只有兩種人頭腦聰明：一種是善用自己的聰明人，例如：藝術家、學者、演員；一種是善用別人的聰明人，例如：經營者、領導者。後一種人需要一種特殊的能力——抓住人心的能力。但是很多領導者都是聰明的傻瓜，他們以為要抓住人心，就要依據由上而下的指揮方式。在我看來，這不僅無法獲得領導力，反而會降低很多。

要知道，每個人對自己受到輕視非常敏感，被看矮一截會失去熱忱，這樣的領導者只會使下屬變得無能。

把一頭豬好好誇獎一番，牠也可以爬到樹上。善於驅使別人的領導者，總是寬宏大量，懂得欣賞別人和讚美別人的藝術，這表示他們要有感情的付出。付出深厚感情的領導者，最終會贏得勝利，並且獲得下屬的敬重。

沒有知識的人終無大用，但是有知識的人很有可能成為知識的奴隸。每個人都需要知道，所有的知識都會轉化為先入為主的觀念，結果是形成一種保守心理，認為「我懂」、「我瞭解」、「社會本來就是這樣」。有了「懂」的感覺，就會缺乏想要知道的興趣，沒有興趣就會失去前進的動力，等待我們的只剩下百無聊賴。這就是因為不懂才會成功的道理。

但是，受到自尊心、榮譽感的支配，很多有知識的人對於「不懂」總是難以啟齒，好像向別人請教，表示自己不懂，是一件很丟臉的事情，甚至把無知當作罪惡。這是自作聰明，這種人永遠無法理解那句偉大的格言——每一次說不懂的機會，都會成為我們人生的轉折點。

自作聰明的人是傻瓜，懂得裝傻的人才是真聰明。如果把聰明視為可以撈到好處的標準，我顯然不是一個傻瓜。

直到今天，我還可以清晰記得一次裝傻的情景：當時，我正在為如何籌借到一萬五千元傷腦筋，走在大街上，我都在苦思冥想這個問題。就在我的腦海中充滿借錢的念頭時，有一位銀行家攔住我的去路，他在馬車上低聲問我：「你想不想借五萬元，洛克菲勒先生？」

我不敢相信自己聽到的話，但是在那個瞬間，我沒有表現出絲毫的急切，我看著對方的臉，慢條斯理地告訴他：「這樣……你可以給我二十四小時考慮嗎？」結果，我以最有利於自己的條件，與他簽訂借款合約。

裝傻帶給你的好處很多。裝傻的含義是：擺低姿態，變得謙虛，換句話說，就是隱藏你的聰明。越是聰明的人，越有裝傻的必要，因為就像那句格言所說的——越是成熟的稻子，越是垂下稻穗。

兒子，有了愛好以後，才可以做到輕巧。現在，就開始熱愛裝傻吧！

我可以預料到，在我離開的日子裡，讓你獨當一面對你而言絕非易事，但是這沒有什麼。**「等一會兒再說」，是我在經商中始終奉行的格言。**我做事的時候有一個習慣，在做決定之前，我會冷靜地思考和判斷，但是我如果做出決定，就會義無反顧地執行到底，我相信你也可以。

愛你的父親

第十七封信：財富是勤奮的副產品

我們的財富是對我們勤奮的嘉獎。勤奮是為了自己，不是為了別人。財富是意外之物，是勤奮工作的副產品。

親愛的小約翰：

很高興收到你的來信。**在你的信中，有兩句話讓我非常欣賞，一句是「如果你不是贏家，就是在自暴自棄」，一句是「勤奮出貴族」**。這兩句話是我的人生座右銘，如果不自謙，我願意說，它們正是我人生的縮影。

那些不懷好意的報紙，在談到我創造的巨額財富時，經常比喻我是一架很有天賦的賺錢機器。其實，他們對我幾乎一無所知，更對歷史缺乏洞見。

作為移民，滿懷希望和勤奮努力是我們的天性。我在孩童時期，母親就將節儉、自立、勤奮、守信、不懈的創業精神等美德植入我的骨髓。我真誠地篤信這些美德，將其視為偉大的成功信條。直到今天，在我的血液中，依然流淌著這些偉大的信念。所有的這一切，結成我向上攀爬的階梯，將我送上財富之山的頂端。

當然，那場改變美國民眾命運與生活的戰爭，讓我獲益匪淺，真誠地說，它將我造就成讓商界嘖嘖稱奇又望而生畏的商業巨人。是的，南北戰爭給予民眾前所未有的巨大商機，它把我提前變成富人，為我在戰後掀起的搶奪機會的競技場上獲勝，提供資本支援，以致後來才可以財源滾滾。

但是，機會如同時間一樣是平等的，為什麼我可以抓住機會而成為巨富，很多人卻與機會擦肩而過，不得不與貧困為伍？難道真的像詆毀我的人所說，是因為我貪得無厭嗎？不！是勤奮！機會只留給勤奮的人！我年輕的時候，就篤信一個成功法則：財富是意外之物，是勤奮工作的副產品。每個目標的達成，都是來自於勤奮的思考與勤奮的行動，實現財富夢想也依然如此。

我極為推崇「勤奮出貴族」這句話，它是讓我永遠產生敬意的箴言。無論是過去還是現在，無論是在我們立足的美洲還是在遙遠的東方，那些享有地位、尊嚴、榮耀、財富的貴族，都有一顆永不停息的心，都有一雙堅強有力的臂膀，在他們的身上都有頑強意志的光芒。正是這樣的品格（或是稱為財富），讓他們成就事業，贏得尊敬，成為頂天立地的人物。

約翰，在這個無限變幻的世界中，沒有永遠的貴族，也沒有永遠的窮人。就像你知道的那樣，在我小的時候，我穿的是破衣爛衫，家境貧寒，要依靠好心人來救濟。但是現在，我擁有一個龐大的財富帝國，已經將巨額財富注入到慈善事業之中。出身卑賤和家境貧寒的人，透過自己的勤奮工作、執著的追求和智慧，也可以功成名就、出人頭地，成為一個新貴族。

所有的尊貴和榮譽，都要依靠自己的創造去獲取，這樣的尊貴和榮譽才可以長久。但是在我們今天這個社會，富家子弟處在一種「不進則退」的情況之下。不幸的是，他們之中的很多人缺乏進取精神，但是好逸惡勞、揮霍無度，雖然在富裕的環境中長大，最後卻在貧困中死去。

所以，你要教導你的孩子，想要在與人生風浪的搏擊中完善自己，成就自己，享受成功的喜悅，贏得社會的尊敬，只能依靠自己的雙手去創造；要讓他們知道，榮譽的桂冠只會戴在那些勇於探索者的頭上；告訴他們，勤奮是為了自己，不是為了別人，他們是勤奮的最大受益者。

我在孩提時代就堅信：沒有辛勤的耕耘，就不會有豐碩的收穫。作為貧民之子，除了依靠勤奮獲得成功、贏得財富與尊嚴，別無他策。上學的時候，我不是一個天資聰穎的學生，但是我不甘人後，所以認真地準備功課，並且持之以恆。我十歲的時候，就知道要盡我所能地工作，砍柴、擠奶、打水、耕種，我什麼都做，而且不會偷懶。正是農村艱苦而辛勞的歲月，磨練我的意志，使我可以承受日後創業的艱辛，也讓我變得堅忍不拔，塑造我堅強的信心。

我知道，自己在後來身陷逆境的時候總是可以泰然處之，包括我的成功，在很大程度上都是得益於我從小建立的信心。

勤奮可以修練人們的品格，更可以培養人們的能力。我受雇於休伊特&塔特爾公司的時候，就獲得具備非同一般的能力和出眾的年輕簿記員的名聲。在那段日子裡，我終日披星戴月、夜以繼日。當時，我的雇主對我說：「以你這種非凡的毅力，你一定會成功。」儘管我不明白將來會是什麼樣子，但是有一點我相信，只要我用心去做一件事情，絕對不會失敗。

今天，我雖然已經年近七十，但是我依然搏殺於商海之中，因為我知道，結束生命最快捷的方式就是什麼也不做。每個人都有權利選擇把退休當作開始或是結束，那種無所事事的生活態度會使人們中毒。我始終把退休視為再次出發，我一天也沒有停止過奮鬥，因為我知道生命的真諦。

約翰，我現在的顯赫地位和巨額財富，只是我付出比一般人更多的勞動和創造換來的。我原本只是一個普通人，沒有頭上的桂冠，但是我以堅強的毅力、頑強的耕耘，孜孜以求，最終功成名就。我的名譽不是虛名，是血汗澆鑄的王冠，一些淺薄的嫉恨和無知的淺薄，都是對我的不公平。

我們的財富是對我們勤奮的嘉獎。讓我們堅定信念，認定目標，依靠對上帝意志的信心，繼續努力吧，我的兒子。

愛你的父親

第十八封信：你的手中握有成功的種子

我就是自己最大的資本！我唯一的信念就是相信自己！每個渴望成功的人都應該認識到，成功的種子就撒在自己的身邊。

親愛的小約翰：

昨天，就在昨天，我收到一個立志要成為富翁的年輕人的來信。他在信中懇請我回答一個問題：他缺少資本，應該如何去創業致富？

上帝啊，他是想要讓我指明他生命的方向。可是教誨別人似乎不是我的專長，我又無法拒絕他的誠懇，這真是令人痛苦。但我還是回信告訴他：「你需要資本，但是更需要常識。」**常識比金錢更重要。**

對於一個要去創業的貧寒之子而言，他們經常苦惱於缺少資本。如果他們再恐懼失敗，就會猶疑不決，像蝸牛般緩慢行進，甚至止步於成功之路，永無出人頭地之時。所以，我在給那個年輕人的回信中，特別提醒他：

「從貧窮通往富裕的道路永遠是暢通的，重要的是你要堅信：我就是自己最大的資本。你要鍛鍊信念，不停地探究遲疑的原因，直到信念取代懷疑。你要知道，自己不相信的事情，永遠無法達成，信念是帶你前進的力量。」

每個渴望成功的人都應該認識到，成功的種子就撒在自己的身邊。只要認識到這一點，他就可以獲得想要得到的東西。在信中，我講述一個阿拉伯人的故事，我相信這個故事可以惠澤別人，甚至所有的人。那個為我講述這個故事的人，是這樣告訴我的：

從前有一個波斯人，名叫阿里•哈菲德，住在距離印度河不遠的地方，擁有一片蘭花園、數百畝良田，以及繁盛的園林。他是一個知足的人，而且十分富有——因為他很富有，所以他十分知足。有一天，一位老僧人來拜訪他，坐在他的火爐邊跟他說：「你很富有，生活也很安逸，但是你如果有很多鑽石，就可以買下整個國家的土地。要是你可以擁有一座鑽石礦，就可以利用這筆巨富的影響力，把孩子送上王位。」

哈菲德聽了老僧人這番極具誘惑力的話之後，當天晚上睡覺的時候，就變成一個窮人——不是因為他失去一切，而是他開始變得不滿足，所以他覺得自己很窮；也因為他覺得自己很窮，所以無法得到滿足。他想：「我要一座鑽石礦。」所以，他整夜難以入睡。第二天早上，他跑去找那位老僧人。

老僧人被他吵醒，非常不高興，但是哈菲德完全不顧及這些，問老僧人：「你可以告訴我，什麼地方可以找到鑽石嗎？」

「鑽石？你要鑽石做什麼？」

「我想要擁有龐大的財富，」哈菲德說，「但是我不知道哪裡可以找到鑽石。」

「哦，」老僧人明白了，他說：「你只要在山裡找到一條在白沙上穿流的河，就可以在沙子裡找到鑽石。」

「你真的認為在這樣一條河裡嗎？」

「真的！你只要出去尋找，一定可以找到。」

「我會的！」哈菲德說。

於是，他賣掉農場，收回借款，把房子交給鄰居看管，就出發尋找鑽石了。

哈菲德先去月光山區尋找，而後到了巴勒斯坦，接著又跑到歐洲，最後他花光身上所有的錢，變得一文不值。他如同乞丐般，站在西班牙巴塞隆納海邊，看到一道巨浪越過赫拉克勒斯石柱洶湧而來。這個歷經滄桑、痛苦萬分的可憐蟲，無法抵抗縱身一跳的誘惑，隨著浪峰跌入大海，終結自己的生命。

在哈菲德死後不久，他的財產繼承人拉著駱駝去花園喝水，駱駝把鼻子伸到花園清澈見底的溪水中時，那個繼承人發現，在溪底的白沙中閃爍著奇異的光芒。他伸手下去，摸到一塊黑石頭，石頭上有一處閃亮的地方，發出彩虹般的色彩。他把這塊怪異的石頭拿進屋子，放在壁爐的架子上，又繼續自己的工作，完全忘記這件事情。

幾天以後，那個告訴哈菲德在哪裡可以找到鑽石的老僧人來拜訪哈菲德的繼承人。他看到架子上的石頭發出的光芒，立刻奔過去，驚訝地大叫：「這是鑽石！這是鑽石！哈菲德回來了嗎？」

「沒有，他還沒有回來，而且這也不是鑽石，這只是一塊石頭，是我在後花園裡發現的。」

「年輕人，你發財了！我看過鑽石，這真的是鑽石！」

於是，他們一起奔向花園，用手捧起溪底的白沙，發現許多比第一顆更漂亮、更有價值的鑽石。

這就是人們發現印度戈爾康達鑽石礦的經過。那是人類歷史上最大的鑽石礦，其價值超過南非的金伯利。英國女王皇冠上鑲嵌的科伊諾爾鑽石，以及那顆鑲在俄國皇帝王冠上的世界第一大鑽石，都是採自那座鑽石礦。

約翰，每當我想起這個故事，就會為阿里・哈菲德歎息，假如哈菲德可以留在家鄉，挖掘自己的田地和花園，而不是去異鄉尋找，就不會淪為乞丐，貧困挨餓，以致躍入大海而亡。

並非每個故事都具有意義，但是這個阿拉伯人的故事卻給我帶來寶貴的人生教誨：你的鑽石不在遙遠的高山與大海之間，如果你決定去挖掘，鑽石就在你家的後院。**重要**

的是：要真誠地相信自己。

每個人都有自己的理想，這個理想決定他的努力和判斷的方向。針對這個意義而言，我認為，不相信自己的人就像竊賊一樣，因為任何一個不相信自己，而且沒有充分發揮自己能力的人，可以說是向自己偷竊的人；而且在這個過程中，由於創造力低落，也等於是向社會偷竊。

只有戒除這種向自己偷竊的行為，我們才可以爬向高峰。我希望那個渴望發財的年輕人，可以思索出其中蘊涵的教誨。

愛你的父親

第十九封信：要做，就要做第一

財富與目標成正比。一個人不是在計畫成功，就是在計畫失敗。對我來說，第二名跟最後一名沒有什麼不同。

親愛的小約翰：

「沒有野心的人，不會成就大事。」這是我那位汽車大王朋友，亨利・福特先生，昨天來看我的時候向我吐露的成功秘密。

我非常敬佩這位來自密西根的富豪，他是一個執著而堅毅的傢伙。他幾乎與我有同樣的經歷，做過農活，當過學徒，與別人合夥開辦工廠，透過奮鬥最終成為這個時代美國最富有的人之一。

在我看來，福特先生是一個新時代的締造者，沒有任何一個美國人可以像他那樣，完全改變美國人的生活方式，看看大街上往來穿梭的汽車，你就知道我絕非在恭維他，他使汽車由奢侈品變為幾乎每個人都可以買得起的必需品，他創造的奇蹟也把他變成億萬富翁。當然，他也讓我的錢袋鼓起很多。

我們活著就要有目標或野心，否則就會像一艘沒有舵的船，永遠漂流不定，只會到達失敗與喪氣的海灘。福特先生的野心超過他的身高，他要締造一個每個人都可以享用汽車的世界。這似乎難以想像，但是他成功了，他成為全球汽車市場的主人，並且為福特公司賺得驚人的利潤，用這個傢伙的話來說，「那不是在製造汽車，那簡直是在印鈔票」。我不難想像，腰纏萬貫又享有「汽車大王」的盛譽，福特是怎樣的好心情。

福特創造的成就，證明我的一個人生信條：財富與目標成正比。

如果你胸懷大志、目標高遠，你的財富之山就會壘向雲霄；如果你想要得過且過，只會成為末流鼠輩，甚至一事無成，即使財富距離你近在咫尺，你只會獲得很少的一點點。在福特成功之前，很多汽車製造商比他更有實力，但是他們之中破產的人也很多。

人類被創造出來是有目的的，一個人不是在計畫成功，就是在計畫失敗，這是我一生的心得。我似乎從來不缺少野心，從我很小的時候開始，要成為最富有的人，就是我的抱負與夢想。這對一個窮小子來說，好像有些過大，但是我認為目標必須偉大，因為想要有成就，必須有刺激，偉大的目標可以使你發揮全部的力量。沒有刺激，就等於沒有一股強大的力量推動自己向前。不要做小計畫，因為它無法激勵心靈，我經常這樣提醒自己。

成為偉大的機會不像湍急的尼加拉瀑布那樣傾瀉而下，而是慢慢的一次一滴。偉大與接近偉大之間的差異就是領悟到：如果你期望偉大，必須每天朝著目標努力。

但是對於一個窮小子而言，如何才可以將這個偉大的夢想變成可以觸摸到的現實？難道是依靠努力為別人工作來實現它嗎？這是一個愚蠢的主意。

我相信為自己勤奮會致富，但是不相信努力為別人工作會成功。在我住進百萬富翁大街以前，我就發現：在我的身邊，很多窮人都是工作最努力的人。現實就是如此殘酷，不管員工努力與否，替老闆工作而變得富有的人少之又少。替老闆工作而得到的薪水，只能在合理預期的情況下讓員工活下去，儘管員工可能會賺到許多錢，但是變得富有卻很困難。

我總是視「努力工作就會致富」為謊言，從來不把為別人工作當作累積財富的方法，相反地，我非常篤信為自己工作才可以富有。我採取的所有行動，都是忠於我的偉大夢想，以及為實現這個夢想而不斷達成的各個目標。

在我離開學校、尋找工作的時候，我就為自己設定一個目標：要到一流的公司，要成為一流的員工。因為一流的公司會給我一流的歷練，塑造我一流的能力，讓我具備一流的見識，還會讓我賺到一筆豐厚的薪水——那是開創我未來事業的資本，這一切是我通往成功之路的最堅實的基石。

在大公司做事，可以讓我以大公司的方式思考問題，這一點很重要。所以，我仰慕大公司，我要去的是高知名度企業，這註定要讓我吃一些苦頭。

我先去一家銀行，很不走運，被拒絕了；我又去一家鐵路公司，結果還是悻悻而歸，當時的天氣似乎也要跟我作對，酷熱難耐。但是我不顧一切，繼續不停地尋找。那段日子，尋找工作成為我唯一的職業，每天早上八點，盡我所能地打扮自己，開始新一輪的預約面試。接連幾個星期，我不停地拜訪列入名單的公司，結果還是一無所獲。這看起來很糟糕，不是嗎？

但是沒有人可以阻止你前進的道路，阻礙你前進的人就是你自己。我告誡自己：如果不想讓別人偷走你的夢想，就要在被挫折擊倒以後立刻站起來。我沒有沮喪、氣餒，連續的挫折反而更堅定我的決心。我又從頭開始，一家一家的拜訪，有幾家公司我甚至拜訪兩三次。

上帝最終沒有拋棄我，這場不屈不撓的求職之旅，終於在六個星期以後的一個下午結束了。一八五五年九月二十六日，我被休伊特＆塔特爾公司聘用，這一天似乎決定我未來的一切。

直到今天，每當我問自己，要是沒有得到那份工作會怎麼樣的時候，經常會渾身顫抖不停。因為我知道那份工作給我帶來什麼，如果失去它，我又會如何。所以，我一生都把九月二十六日當作「重生日」來慶祝，對這一天抱有的情感，勝過我的生日許多。

三年以後，我帶著超越常人的能力與自信，離開休伊特&塔特爾公司，與克拉克先生合夥創辦克拉克－洛克菲勒公司，開始為自己工作的歷史。

愚蠢的努力工作很有可能在百般辛苦之後仍然一無所獲，但是如果將替老闆努力工作視為鑄就以後為自己效勞的階梯，就是創造財富的開始。自己當老闆的感覺真是棒極了，簡直無以言表。但是，我不能沉浸在十八歲就躋身貿易代理商行列的得意之中，我告誡自己：「你的前程就繫於每天過去的日子，你的人生終點是美國首富，你距離那裡很遠，你要繼續為自己努力。」

成為一個最富有的人，是我努力的依據和鞭策自己的力量。在過去的幾十年中，我一直是追求卓越的信徒，**我經常激勵自己的一句話是：對我來說，第二名跟最後一名沒有什麼不同**。如果你理解它，你就會認為，我以無可爭辯的王者身分統治石油工業不足為奇。

每個人都是生活在希望之中，但是我更多的是生活在目標的達成之中。我的人生目標就是要成為第一，這也是我設法制定並且努力遵守的人生規劃。我付出的所有努力和行動，都是忠於我的人生目標和人生規則。

上帝賦予我們聰明的頭腦和強壯的肌肉，不是讓我們成為失敗者，而是讓我們成為偉大的贏家。二十年以前的今天，聯邦法院解散我們那個歡樂的家庭，但是每當想起我創造的成就，我就會興奮不已。

偉大的人生就是征服卓越的過程，我們必須向這個目標前進，不怕痛苦，態度堅決，準備在漫長的道路上跌倒。

愛你的父親

第二十封信：侮辱是一種動力

侮辱是測量能力的尺規。不能讓自己的偏見妨礙自己的成功。你相信自己，並且與自己和諧一致，你就是自己最忠實的伴侶。

親愛的小約翰：

你與摩根先生談判時的表現，讓我和你的母親感到驚喜，我們沒有想到，你竟然有勇氣與那個盛氣凌人的華爾街最大的錢袋子對抗，而且應對沉穩、言辭得體、不失教養，並且徹底控制你的對手。感謝上帝，可以讓我們擁有你這樣出色的孩子。

在信中你告訴我，摩根先生對待你粗魯無禮，是有意想要侮辱你，我想你是對的。事實上，他是想要報復我，讓你代替我受辱。

你知道，此次摩根提出要與我結盟，是擔心我會對他構成威脅。我認為他不想與我合作，因為他知道我和他是跑在兩條道路上的馬車，彼此都不喜歡對方。我看見他那副趾高氣揚、傲慢無理的樣子，就會感到噁心。他看見我的時候，一定也有讓他不舒服的地方。

然而，摩根是一位商界奇才，他知道我不把華爾街放在眼裡，更不懼怕他對我的威脅，所以他要實現他的野心——統治美國鋼鐵行業，就要與我合作，否則等待他的將是一場你死我活的競爭。

善於思考與善於行動的人，都知道必須去除傲慢與偏見，都知道不能讓自己的偏見妨礙自己的成功，摩根先生就是這樣的人。所以，儘管摩根先生不想與我打交道，但他還是問我，是否可以在標準石油公司總裁辦公室與他會面。

在談判中，可以堅持到最後一刻的人，一定會撈到好處，所以我告訴摩根：「我已經退休了，如果你願意，我很樂意在家中恭候你。」他真的來了，這對他而言，顯然是有些委屈。但是他做夢也不會想到，他提出具體問題的時候，我會說：「很抱歉，摩根先生，我退休了！我想，我的兒子約翰會很高興與你談那筆交易。」

只有傻瓜才會看不出來，我這是在公然蔑視摩根，但是他很克制，並且告訴我，希望你可以到他在華爾街的辦公室談，我答應了。

對別人的報復，就是對自己的攻擊。摩根先生似乎不瞭解這個道理，結果為解心頭怒火，反而被你控制了。但是不管怎麼說，儘管摩根先生對我公然侮辱他耿耿於懷，但是始終把目光集中在要達成的目標上，對此我頗為欣賞。

我的兒子，我們生長在追求尊嚴的社會，我知道對於一個熱愛尊嚴的人來說，遭受侮辱意味著什麼。但是在很多時候，不管你是誰，即使是美國總統也無力阻止來自別人的侮辱。

我們應該怎麼辦？是在盛怒中反擊，捍衛尊嚴？還是寬容相待，大度化之？還是用其他方式來回應？

你或許還記得，我一直珍藏著一張我中學同學的合照。那裡面沒有我，只有出身富裕家庭的孩子。幾十年過去了，我依然珍藏著它，更珍藏著拍攝那張照片的情景。

那是一天下午，天氣很好，老師告訴我們，有一位攝影師要來拍攝學生上課時的情景。我是照過相的，但是很少，對一個窮苦家的孩子來說，照相是一種奢侈。攝影師剛出現，我就想像著要被攝入鏡頭的情景，多一點微笑、多一點自然，帥帥的，甚至開始想像如同報告喜訊一樣回家告訴母親：「媽媽，我照相了！是攝影師拍的，棒極了！」

我用一雙興奮的眼睛，注視著那位彎腰取景的攝影師，希望他趕快把我拉進相機裡，但是我失望了。那個攝影師好像是一個唯美主義者，他站起來，用手指著我，對我的老師說：「你可以讓那個學生離開他的座位嗎？他的穿著實在是太寒酸了。」我是一個弱小還要聽命於老師的學生，我無力抗爭，只能默默地站起來，為那些穿著整齊的富家子弟製造美景。

在那個瞬間，我感覺我的臉在發熱。但是我沒有生氣，也沒有自怨自艾，更沒有抱怨我的父母為什麼不讓我穿得更體面，事實上，他們為我可以受到良好教育已經竭盡全力了。看著在那位攝影師安排下的拍攝場面，我在心裡握緊雙拳，向自己鄭重發誓：有一天，你會成為世界上最富有的人！讓攝影師為你照相算什麼，讓世界上最著名的畫家為你畫像才是你的驕傲！

我的兒子，我那個時候的誓言已經變成事實！在我的眼裡，侮辱一詞的詞義已經轉換，它不再是剝掉我尊嚴的利刃，而是一股強大的動力，如同排山倒海，催促我奮進，催促我去追求所有美好的東西。如果說那個攝影師把一個窮孩子激勵成為世界上最富有的人，似乎不過分。

每個人都有享受掌聲與喝采的時候，或許是在肯定我們的成就，或許是在肯定我們的品格與道德；也有遭受攻擊的侮辱的時候，除去惡意，我想我們之所以會遭受侮辱，是因為我們的能力欠佳，這種能力可能與做人有關，也可能與做事有關，總之不構成別人的尊重。**所以我想說，受辱不是一件壞事，如果你是一個知道冷靜思考的人，或許就會認為侮辱是測量能力的尺規，我就是這樣做的。**

我知道任何輕微的侮辱都有可能傷及尊嚴，然而尊嚴不是天賜的，也不是別人給予的，是你自己締造的。尊嚴是你自己享用的精神產品，每個人都有屬於自己的尊嚴，你認為自己有尊嚴，你就有尊嚴。所以，如果有人傷害你的感情、你的尊嚴，你要不為所動。你死守自己的尊嚴，就沒有人可以傷害你。

我的兒子，你與自己的關係是所有關係的開始。你相信自己，並且與自己和諧一致，你就是自己最忠實的伴侶。只有如此，你才可以做到寵辱不驚。

愛你的父親

第二十一封信：讓每一分錢都帶來效益

每一分錢都要讓它物有所值。沒有想好最後一步，就不要邁出第一步。創造力、自發精神、信念可以化不可能為可能。

親愛的小約翰：

查爾斯先生永遠地離開我們，這讓我很難過。

作為上帝忠實的子民，查爾斯先生是一位非常善良的富人，他樂善好施，不斷用自己辛勤賺到的錢去救助那些處於貧困噩夢中的民眾。我相信上帝會在天堂笑著迎接他，因為他的仁愛和無私。

與真摯的靈魂相伴，是天賜的福氣。我可以有像查爾斯先生這樣的合夥人，是我一生的榮幸。查爾斯先生謹慎的性格，經常導致他與我齟齬不斷，但是這絲毫不會奪走我對他的尊重。**失去對高尚人們的尊重，就是在剝奪自己做人的尊嚴。**

當年，公司最高管理階層有共進午餐的習慣，每到吃飯的時候，儘管我是公司第一人，我都會把象徵公司核心的座位留給他，以示我對他正直品格的敬意。是的，這不足為道，高尚的道德本來就應該受到褒獎。以一個整體而言，雖然這只是很小的細節，但是這個細節可能影響到整個公司，影響到公司的成績。

事實上，標準石油公司的合夥人都是正直的人，我們知道彼此尊重、信任、團結一心對合作有多麼可貴和重要，我們努力使之變成事實。所以，即使出現分歧，我們只會直言不諱、就事論事，不會勾心鬥角、搬弄是非。我相信，在這種純潔的氛圍中，即使有人心術不正，也會把心術不正的惡習留在家裡。

但這只是標準石油公司強大到令對手敬畏的原因之一，視精誠合作為我們的生命才是最重要的因素。在這個方面，查爾斯先生身體力行，堪為表率。

作為公司的領導者，我在一次董事會上曾經提議：「我們是一家人，我們共用榮辱，我們堅強的手掌托起的是我們共同的事業。所以，我建議你們，不要說我應該做什麼，要說我們應該做什麼。不要忘記，我們是合作夥伴，無論做什麼事情，都是為了我們的利益。」

我的發言感染了查爾斯先生，他第一個回應我：「先生們，我聽懂了，約翰的意思是說，比起『我』來說，『我們』更重要，我們是一家人！沒錯，是應該說我們！」

在那一刻，我看到我們偉大的未來，因為我們已經開始忠於「我們」。不要忘記，每個人的天性都是忠於自己，「我」是每個人心中的信仰。「我們」取代「我」的時候，它煥發出來的力量將會難以估量。我可以取得巨大的成就，就是在於我首先經營人，所有的人。

我與查爾斯先生有共同的信仰，我們都是虔誠的基督徒。**我喜歡查爾斯先生最喜歡的一句格言：「珍惜時間和金錢。」**我一直認為，這是一句凝聚偉大智慧的箴言。我相信絕大多數的人都會喜歡它，卻難以將其變成自己的思想信念和價值信條，並且永遠溶入自己的血液中。

是的，無論一個人累積多麼豐富的妙語箴言，也無論他的見解有多麼高，假使無法利用每個確實的機會去行動，其性格就無法受到良好的影響。失去美好的意圖，終究是一無所獲。

幾乎每個人都知道，是否可以構築幸福生活，是否可以實現成功，都與如何利用時間有關。然而，在很多人那裡，時間是他們的敵人，他們消磨它、抹煞它，但是如果誰偷走他們的時間，他們又會大發雷霆，因為時間畢竟是金錢，重要的時間還是生命。遺憾的是，他們不知道如何利用時間。

事實上，這沒有哥倫布先生發現美洲那麼困難，重要的是：我們要計畫每一天，甚至每一刻，並且知道應該思考什麼，應該如何採取行動。計畫是我們順應每天情況而生活的依據，它可以顯示什麼是可行的。

要制定完美的計畫，首先要確認自己想要什麼；還有，每項計畫都要有措施，並且要監督成果。可以付諸行動、有成果的計畫，才是有價值的計畫。創造力、自發精神、信念可以化不可能為可能，並且突破計畫的限制，所以不要自囿於計畫之中。

每一刻都是關鍵，每個決定都會影響生命的過程，所以我們要有做出決定的策略。不要輕易地做出決定，遇到重要問題的時候，如果沒有想好最後一步，就不要邁出第一步。我們有時間思考問題，也有時間付諸行動，要有促進計畫成熟的耐心。做出決定以後，就要像鬥士那樣，忠實地去執行。

賺錢不會讓你破產，是查爾斯先生的致富聖經。在一次午餐會上，查爾斯先生公開他的賺錢哲學，他用一種演講家般的熱情，激勵在場的每個人。他告訴我們：世界上有兩種人永遠不會富有，第一種是及時行樂者，他們喜歡過著光鮮亮麗的日子，像蒼蠅盯著臭肉那樣，對奢侈品興趣昂然。

他們揮霍無度，竭盡所能要擁有精美的衣服、昂貴的汽車、豪華的住宅，以及價格不菲的藝術品。這種生活確實迷人，但是缺乏理性，及時行樂者缺乏這樣的警惕：他們是在尋找增加負債的方法，他們會成為可憐的車奴、房奴，如果破產，他們就完了！

第二種人，喜歡存錢的人，把錢存在銀行裡當然安全，但是這樣跟把錢冷凍起來沒有什麼不同，依靠利息不可能變得富有。

但是，有一種人會成為富人，例如在座的諸位，我們不是尋找花錢的方法，而是尋找、培養、管理各種投資的方法，因為我們知道財富可以拿來孳生更多的錢財，我們會把錢拿來投資，創造更多的財富。然而，我們還要知道，讓每一分錢都可以帶來效益！這正如約翰秉持的經商原則——每一分錢都要讓它物有所值！

查爾斯先生的演講博得熱烈的掌聲，我被他燃燒起來，鼓掌的時候太過用力，以致飯後還覺得兩個手掌在隱隱作痛。

如今，再也聽不到那種掌聲，也沒有那種鼓掌的機會，但是「珍惜時間和金錢」始終與我相伴。我沒有理由浪費生命，浪費生命就等於糟蹋自己，世界上沒有比糟蹋自己更大的悲劇。我不會把安逸和享樂看作是生活的目的，因為我稱其為「豬的理想」。

愛你的父親

第二十二封信：善用每個人的智慧

不要以自己的好惡作為選拔人才的標準。忠於自己，將會使自己贏得人生中最偉大的戰役。最可以創造價值的人，就是徹底投身於自己最喜歡的活動的人。

親愛的小約翰：

你的來信非常令我興奮，因為你瞭解我總是可以讓自己成就事業的做事哲學：做自己喜歡做的事情，其他的事情，就讓喜歡做這件事情的人去做。

對我來說，做自己喜歡的事情是一個不容質疑的定論。它隨時都會提醒我，想要領導下屬出色地完成任務，不可以依賴某些管理技巧，而是要採用一種更宏觀、更有效率的領導方式。具體而言，就是不要讓下屬拘泥在刻板、制式的工作職務中，要想盡辦法利用他們的長處，並且引導他們把熱情傾注在工作之中，以表現出絕佳的生產力，這就是我的致勝之道。

我在讀書的時候就記得一句話：「最完美的人，就是徹底投身於自己最擅長的活動的人。」後來，經過我改造以後，將其變為我管理上的一個理念：最可以創造價值的人，就是徹底投身於自己最喜歡的活動的人。

我說過，每個人都有忠於自己的天性，都渴望成為自己想要成為的人，他們實現忠誠自己的方式就是做自己喜歡做的事情。遺憾的是，很多管理者不重視員工忠於自己的訴求，結果事倍功半。其實這很好理解，如果你不把時間投入到你喜歡的事情上，絕對不可能得到自我滿足；如果你無法得到自我滿足，就會失去生活的熱情；如果你失去生活的熱情，就會失去生活的動力。指望一個失去工作動力的人出色地完成任務，就像指望一個停擺的鬧鐘準確報時一樣，可笑至極。

所以，我隨時給予下屬忠於自己的機會——燃燒他們的熱情，讓他們的特殊才華發揮到極致，我自己從中收穫的，就是財富與成就。忠於自己，將會使自己贏得人生中最偉大的戰役，誰會放過這樣的機會？

想要妥善利用下屬的熱情，就要知道領導者的職責，不是要挖掘下屬的弱點，而是要關注下屬的優點，並且讓這些優點充分發揮出來。我沒有檢視下屬最脆弱的特質的習慣，總是尋找他們最堅強的部分，讓他們的才華充分展現在工作的挑戰與需求上，例如：我重用阿奇博爾德先生。

與有些人不同，我不以自己的好惡作為選拔人才的標準，我用人不會看他的身上貼著什麼標籤，我看中的是他在工作中展示出來的能力。我喜歡自己的喜好，但是更喜歡效率。

阿奇博爾德絕非完美的人，他嗜酒如命，我卻是一個禁酒主義者。但是，阿奇博爾德有非凡的領導才華和天賦，他頭腦機敏、樂觀幽默，出眾的口才和大膽好鬥的性格更是在激烈競爭中獲勝的保證，所以在從對手變為合夥人之後，我一直對他興趣濃厚，不斷委以重任，直到提拔他接替我的職務。

他已經證明自己是一個天才的領導者，他的職業生涯是那樣特殊。如果他沒有不良習慣的影響，他的成績將會更加耀人。

我的目的是要在每個下屬的身上找出我重視的價值，而不是那些我不喜歡的缺點。我會找出每個員工值得重視的部分，並且致力於把他們的優點轉化為出色的才華，而不會試圖修正他們的缺點。所以，我總是擁有能力健全、樂意奉獻的下屬。

約翰，沒有人是無所不能的，現在你是一位管理者，你的成就依賴於你的領導能力的發揮，依賴於你的下屬做事能力的發揮。你必須知道，你的下屬可以挑剔的地方不勝枚舉，但是你要專注於發掘他們潛在的優點，注意他們在每個細節上的傑出表現，以及他們為了將工作做得出色，對完美主義近乎苛求的堅持，這是你領導力的優勢所在。

一個人無法主宰一個團體，我不否認領導者的巨大作用，但是以整體而言，取勝依靠的是團體。我取得的任何榮譽，依靠的都是團體的力量，而絕非我個人。只有眾人都付出努力，才可以相信並且期待奇蹟的出現。

祝你好運！我的兒子。

愛你的父親

第二十三封信：財富是一種責任

巨大的財富也是巨大的責任。只有傻瓜才會因為有錢而自命不凡。不能給任何有私心的人一點點好處。

親愛的小約翰：

非常高興，一場險些釀成國家災難的金融危機終於過去了！

現在我想，我們那位總統狄奧多・羅斯福先生，可以到路易斯安那繼續心安理得地打獵，儘管他在這場危機中表現得令人吃驚的無能。當然，總統先生並非什麼都沒有做，他用「擔憂」支持華爾街。上帝啊！我們納稅人真是瞎了眼，竟然把這個紐約佬送進白宮。

坦率地說，只要提到狄奧多・羅斯福的名字，以及他對標準石油公司所做的一切，就會讓我憤慨。他是我見過的最狹隘、最有報復心的小人。是的，這個小人得逞了，用他手中的權力，成為由他自己策動的一場不公平競賽的勝利者，讓聯邦法院開出那張美國歷史上前所未有的巨額罰單，並且下令解散我們的公司。看看這個卑鄙的人對我們做了什麼！

然而我相信，他所謂的懲戒終究不會得逞，反而會使他感到非常懊悔，因為我相信我們所有的公司不是垃圾。我們有傑出的管理團隊、有充足的資金，我們可以抵禦任何風險與打擊，我們的財富將會因為它們健康的組織滾滾而來。等著瞧吧！我們會有暗自竊喜的時候。

但是，我們確實受到傷害，受到非常不公平的對待。狄奧多指責我們是擁有巨富的惡人，那位法官大人侮辱我們是臭名昭著的竊賊，好像我們的財富是密謀掠奪而來。錯！那些愚蠢的傢伙不知道大企業是如何建立起來的，他們也不想知道。

我們的每一分錢都滲透著我們的智慧，我們每前進一步都付出辛勤的汗水，我們事業大廈的基石由我們的生命奠基。但是他們不想聽，卻要像偏執狂一樣，只相信他們自己低能的判斷，帶有侮辱性地貶低我們的經商才華，更無視是我們用最廉價、最優質的煤油照亮美國的事實。

我知道，狄奧多手中的長劍一定會揮舞到有所斬獲為止，因為他拒絕我們和解的建議。但是我無所畏懼，因為我問心無愧，最壞的結果只是他用他手中的強權拆散我們輝煌而快樂的家庭，但是快樂不會停止，輝煌也不會落地。建立在現實基礎上的未來，將會證明這一切。

毫無疑問，我們正在承受前所未有的迫害，來自羅斯福政府的迫害。但是，我們不能感情用事，不能用憤怒壓制良知，危機來臨的時候，我們永遠不能袖手旁觀，那樣會讓我們感到恥辱和良心不安，我們應該挺身而出。因為我們是美國的公民，我們有使國家和民眾免於災難的職責。作為一個富人，我知道，巨大的財富也是巨大的責任，我肩負著造福人類的使命。

這次金融危機席捲華爾街，處於恐慌之中的存款人排成長隊要從銀行取走存款，出現擠兌，一場將會導致美國的經濟再次進入蕭條的危機來臨的時候，我預感到國家已經陷入雙重危機：政府缺乏資金，民眾缺乏信心。此時此刻，「錢袋先生」必須要為此做些什麼，我打電話給史東先生，請美聯社引用我的話，告訴美國民眾：我們的國家從來不缺少信用，金融界的有識之士更是以信用為生命，如果有必要，我會拿出一半的證券來幫助國家維持信用。請相信我，金融地震不會發生。

感謝上帝，危機已經過去了，華爾街已經走出困境。我為這一刻的到來，做出我應該做的事情，就像《華爾街日報》評論的那樣，「洛克菲勒先生用他的大聲疾呼和巨額資金幫助華爾街」。只是，有一件事情永遠不會讓他們知道：在克服這次恐慌中，我是從自己的口袋裡拿出最多錢的人，這讓我非常自豪。

華爾街可以成功度過此次信用危機，摩根先生可謂功勳卓著，他是這場戰爭名符其實的指揮官，他聚集一群商界名士共同面對危機，用他不可替代的金融才華和果決的個性拯救華爾街。所以我說，美國民眾應該感謝他，華爾街的人應該感謝他，狄奧多・羅斯福更應該感謝他，因為摩根替他做了他本來應該做卻因為無能而沒有做的事情。

如今，很多人，當然還有報紙，都對慷慨解囊的人們大加讚譽，但是在我這裡，它一文不值。**良心的平靜，才是唯一可靠的報酬**。國難當頭，我們應該當仁不讓、勇於承擔。我想，那些真誠伸出援手的人們與我一樣，我們只是想要用自己的力量、信仰、忠誠，照耀我們的國家。

但是我並非沒有可恥的記錄，在四十六年以前，許多美國青年聽從國家召喚，忠誠地奔赴前線，為解放黑奴、維護聯邦統一而戰的時候，同樣作為青年，我卻以公司剛開業、我的家人要依靠它活著為理由，沒有參加戰爭。這似乎是一個讓人心安理得的理由，但是那個時候國家需要我，需要我們為戰爭流血。

這件事情一直讓我的良心不安，直到十幾年以前，那場經濟危機的到來，我才有救贖的機會。當時，聯邦政府無力保證黃金儲備，白宮政府轉而向摩根先生求助，但是摩根無能為力，是我拿出鉅資來幫助政府，才平息那場金融恐慌。這讓我非常高興，比賺多少錢更讓我高興。

但是我沒有把自己視為拯救者，更沒有自命不凡，只有傻瓜才會因為有錢而自命不凡，因為我是美國的公民。我知道，我擁有巨大的財富，我也因為它而承擔巨大的公共責任，比擁有巨大財富更崇高的是：按照國家的需要，為國家服務。

約翰，我們是有錢，但是在任何時候，我們都不應該肆意花錢。我們的錢只可以用在為人類創造價值的地方，絕對不能給任何有私心的人一點點好處。我們也絕對不再為共和黨人捐款助選，那個狄奧多・羅斯福已經把我們害慘了。

名譽和美德是心靈的裝飾，如果沒有它們，即使肉體再美，也不應該認為美。

愛你的父親

第二十四封信：一生的財富

真正的朋友與新衣服不同，不會越穿越糟，而是和酒一樣，越陳味道越醇和。

親愛的小約翰：

孩子，看到你不但事業有成，而且還有個像霍克這樣忠心的朋友追隨你，我真的很高興。今天，在回來的車上，我沉浸在對老友的回憶中，後來，我開始對「友情」這個很常用的名詞進行思考。我想，人是不可能單獨地生活在這個世界上的，人都需要他人的支援和關懷。這世上所有的玫瑰都是有刺的，但卻有一株玫瑰花下沒有刺，那就是友誼。沒有人會在採摘這束鮮花時受傷，因為他付出的是滿腔的真情，自然會得到豐厚的回報。

榮譽、金錢都不過是過眼雲煙，只有內心深處的友情在提醒著自己：這個世界人情冷漠、世態炎涼，只有朋友才會在身邊鼓舞自己、激勵自己，這是令人無比感動的。這種感動只有親身體會過的人才能真正懂得。真正的朋友與新衣服不同，不會越穿越糟，而是和酒一樣，越陳味道越醇和。

約翰，不知道你是否注意到，在你進入商界以後，社交圈子雖然擴大了，但是真正的朋友卻減少了。你現在每天都要與各種各樣的人接觸，比如工廠的工人、推銷員、採購員、承銷商以及政府官員，而在工作之外接觸到的人，就更多、更複雜了。從廣度上講，社交面的確擴大到各個領域、各個階層，然而卻沒有幾個是你交往甚密的朋友；可是從某種程度上而言，這些人又都應該是你的朋友，然而你總覺得這些人與你來往時都戴著假面具，與之相比，大學同學之間的感情反而好很多。

其實，這只是因為你進入商界的時間還不夠長，將來隨著你事業的發展，與你交往的人中都和你有某種特定的關係，比如合作關係、商業關係、上下級關係。這就使得你們的交往本身帶著複雜性，也存在著利益衝突，他們必然與大學時代的朋友是迥然不同的，至少你們之間的關係不如大學同學之間那樣單純。

威廉．奧斯勒爵士的名言對我產生很大的作用，這句話是這樣說的：「以年輕人而言，幸福中最不可或缺的就是友情的惠賜。」我想，這已經是一句比較有意義的真話。在人生道路上的高峰與低谷之中，除了知音，其餘的都不算重要。只有面對著他們，才可以誇耀自己的成功，可以傾訴失敗與受挫時的苦水。

我曾經考慮過，既然人的大腦所具有的能量當中，日常生活中使用的只是微小的一部分，潛在能力的大部分都處於休眠狀態，為何不透過與才華橫溢的朋友進行推心置腹的交談，來啟動這部分大腦的潛力，充分發掘其能量呢？可以說沒有比這更令人感到刺激的，人生中所得也莫過於此。

人的情感是難以捉摸的。一個人往往會在最奇怪的時間、最奇怪的地點，與一個最意想不到的人成為朋友，甚至連他們自己都不知道這種情感是怎麼來的。於是在廣大無比的塵世中，常常會出現兩個不相干的人成為朋友的故事，其實這就是惺惺相惜的必然結果。

豐富自己人生的方法也在於此。你現在可以說是一個成功人士，因為你事業有成，有一定的資產和地位，在人的正常情感好惡中，會受到相對多數人的歡迎。那些想成為有錢人的朋友的人，究其原因，恐怕是他們能夠在有錢人身上得到更多的安全感，因此很多人都想把你當成他們的朋友。

社會本來是簡單的，只是世俗的人擾亂了它，我們太在意自己想要的一切，而忘記了付出真情。沒有付出自然不會有回報，不以誠待人自然得不到別人的真情回報。社會是公平的，人心是善良的，用真心去對待生命中每一個相識的人，你就會發現生活真的是很美好的。如果有朋友在身邊陪我們度過漫漫長夜，與我們同甘苦、共患難，那樣的感覺不是簡單的快樂，而是幸福。

在我的人生經歷中，也有很多人把我當成朋友，但是在我看來，有些人是打心眼裡要與我交朋友，有些人卻只是表面假象，他們之中的一些人只是因為我的家財萬貫，才將我加入其朋友圈，而且只是因為這個理由。這樣一來，我對他們就要非常小心，至少在交往初期，我要特別注意保護我自己。就此而言，有錢也未必是天下頭等的美事，因為這樣你就更具備被一幫偽善的朋友包圍的條件，他們的讚美之辭會滔滔不絕於耳，如果一不小心，一個人很容易就會置身於虛偽奉承話的海洋裡而無法自拔。

幸運的是，在我擁有巨額財富之前，我結交了一批友情基礎堅實的朋友，這種友誼是我所期望的，也讓我感到可靠與安全。約翰，相對而言，你出生在一個家產頗豐的富豪之家，因此人們多少會戴著有色眼鏡去看你，難免會出現一些以虛偽的美言作為偽善裝飾的朋友。

正是因為有了財產，人們的防備之心才會大大增加，常常會更加慎重地對待身邊的人。因此，想要保有真正的友情，或者要得到真正老實忠誠的朋友其難度會大一些，但是這不代表你可以放棄對朋友之間情誼的追求，而是要求你去辨別出這些朋友。

有些誠實厚道的人，唯恐有錢人會破壞他們誠摯的友情，總是與他們保持一定的距離而不與他們過分親近。這些朋友對有錢人會十分客氣，當有錢人高興地出席這些朋友的聚會時，他們會打心底感到高興，但同時他們又不送請帖給有錢人，對這種人才應該以禮相待。如果有禮在先，先接待他們，他們就會坦然邀請有錢人。

然而有時候，我對這種人的慎重態度卻有些反感，究其原因，我自己也搞不清楚，這或許是人的奇妙特性和金錢共同造下的罪孽吧！為自己尊敬並且抱有好感的人們所喜愛，自然會增強人的自信，因為我也希望自己成為被對方所尊崇、所喜愛、被別人當成交心的對象，甚至成為伴侶的一個人。雖然有時候我會厭惡那些態度慎重的人，但是讓我特別開心的，或者叫人極為快樂的應酬，還是那些我對其抱有真正感情的人發出的宴會邀請。

友誼與感恩一樣，不是隨手拈來的，它是我們主動把自己交付給所愛之人的結果，沒有比這種報酬更高的投資。雖然，我們追求著名與利，當這些都成為囊中之物時，若沒有人一同分享，它們將會是毫無價值的，因此我個人的成功就是從培養友誼著手。

在我的腦海中，親朋好友的定義是很苛刻的，能夠與你一起哭泣、流鼻涕的人為數不少，可是從心底與你一起快樂的人卻不多，親朋好友就是那些對我的成功從內心裡感到歡喜，而且不帶有任何嫉妒心的人。這些人看到我的成功會從心底感受到喜悅，這樣就能更加堅定我的決心，將成功再一次重演。

在友情中，最重的負擔莫過於一榮一損，一方得勢一方落難。無論怎樣親密的朋友，即使是婚姻生活中的伴侶，有時也會不堪這種過分緊張的壓力而導致關係破裂；至於眾多的膚淺的友情，因為同樣的理由一去不復返，就更是稀鬆平常的事情了。

我是無法單獨生存的，當我喜悅或痛苦的時候，總希望有人與我分享。我身邊不乏親密的朋友，但我也知道要找到一個真正的知己是很不容易的。因為只有知己才可以和我彼此打開心靈的窗，去相互信賴、分享、給予、同樂。有煩惱的事情時相互表達一下關心；而當批評之時會直言不諱；當信心不足需要鼓勵時，會及時伸出援助之手。

在這個世界上，於許多方面與我的想法一致之人是不多的，一旦發現了一位，我肯定會抓住不放，因為這實在是人一生的財富。一旦找到了真正的朋友，我會與之締結良好的友誼關係，會花一定的時間與精力為對方操心，我想至少應該每個月電話聯繫一次，兩個月要共進一次晚餐……這一切都是十分必要的。時間不應該相隔太久，兩人之間的關係應該時常檢查、修繕，不會因為怠慢而疏離了朋友，我的友情是不時需要修飾潤色的。

約翰，我想你會把握這些要點，你的身邊就會多出許多信得過的朋友。

愛你的父親

第二十五封信：最重要的投資

真摯的愛情有許多奇蹟：它是一團各種謎題的集合體，在這個謎團中，兩人融為一體，同時又各自包容了對方。

親愛的小約翰：

今天是我與你母親結婚三十週年的日子。這麼多年來我們經歷了各式各樣的考驗，擁有兩個出色的孩子是我們最大的財富。我與你母親在好幾個地方安置了舒適、快樂的家，每一處美麗的房屋都是你母親布置的，而她所帶來的則是更加溫馨、和諧的家庭氣氛。所以我非常感謝你母親給我帶來的一切，同時也希望你們能夠慎重選擇你們的終身伴侶。

最初，我是被你母親的美麗所吸引，但沒過多久我便傾慕於她的仁愛之心。在那之前我還從未遇過像你母親這麼好心腸的人，至今也是如此。

在我們三十年風雨同舟的日子裡，我們都尊重對方的人格，容忍對方的嗜好、意見和習慣。簡而言之，我們既是完全獨立，又在婚姻生活的框架內過得很和諧。即使是夫妻，既然是兩個人，就難免產生矛盾，進而發生爭論，我們也同樣無法避免。但是，我還是感激你的母親，她把我視為一個完整的人接受下來。你母親還具有無比寬容的心，只要我不違反社會的法律規則、道德約束，她就允許我按自己的喜好做事。我深深地感謝她如此寬宏大量，我也希望她能夠做她所喜歡的事。

你的母親為我犧牲太多了，雖然為對方奉獻一切是婚姻幸福的關鍵，而且我也認為這是衡量彼此愛情深淺的標準，但你母親為我做的多過於我為她做的，那是無法勝數的，因此讓我心存感激。若今後我們可以更長久地生活下去，我想，我會盡最大的努力回報她，我深深地愛著她。

約翰，你也到了考慮自己婚姻的時候了。上次你在與你的朋友聊天時，談到你正在考慮結婚。我一邊在想這位幸福的新娘是誰，一邊情不自禁地笑出聲來。因為你每一次都在更換約會對象。

的確，誠如馬丁・路莎所言：「沒有比幸福的婚姻更加美好、更加充滿友情，沒有比它更有魅力，以致能夠無比和諧地共同生活之事了。真摯的愛情有許多奇蹟：它是一團各種謎題的集合體，在這個謎團中，兩人融為一體，同時又各自包容了對方。」我也深有同感，而婚姻大事是不可輕率對待的。從某種意義上而言，婚姻本來是一種自然力量的結合，其中最關鍵的是她的親和力，這種力量是不可放肆地濫加利用的。

對結婚不反覆思考，不認真將其視為人生十分重要的一部分時而得到的懲罰，就會是離婚、精神上的痛苦，以及存款的驟減。隨著婚姻的破裂，接踵而來的、容易發作的、伴隨著失敗的是精神上的痛苦；若有子女的問題纏繞，這種痛苦將更加倍增。你還沒有當過父親，沒有體驗過父親對子女的感情。夫妻之情變得越來越冷，尚可忍耐；但是父母對親生骨肉的感情卻是永遠不會冷卻的。然而，離婚必然會帶來巨大的骨肉分離之痛。

從一位商人的角度來思考，結婚這個嚴肅的事實本身，就是將自己投入一項重大的投資。幸福的婚姻是人生重要的支柱，其積極作用是不可估算的；相反地，不幸的婚姻所招致的損失，同樣深不可測。要結束不幸的婚姻，不僅要做出將財產分出一半的犧牲，於此基礎上，還必須長期為未成年子女支付數年的生活補貼費用。一般而言，現在的年輕人對婚姻總是過於隨便草率。「兩個人過不下去，乾脆分手算了。」這類話語充斥於耳。輕率地對待這個人生大事的確太悲哀了，隨之而來的無窮苦惱更令人痛心！

我們透過別人家的悲歡離合，從各種不幸的家庭當中吸取經驗教訓，也許正是為了尋找那條通往「幸福家庭」的康莊大道。其實，幸福家庭的相似之處，在於夫妻雙方擁有相似的人生態度和價值觀念，有深厚的感情基礎和對婚姻的責任感，在長久的相處當中能夠做到互相理解、寬容，只有雙方不斷地溝通和共同成長，才能在遇到困難和挫折時相濡以沫、攜手共度，即使有風風雨雨，最終還能美滿幸福。

也許密教經典中的一些人生忠告，會對那些不知該如何對待婚姻的人產生一定的作用：深情熱烈地愛，也許你會受傷，但這是使人生完整的唯一方法。無論何時你發現自己做錯了，要竭盡所能去彌補。動作要快！

家庭的融洽氛圍是難能可貴的，每個人都應該盡全力使自己的家庭平順和諧。當你與親近的人吵嘴的時候，應該就事論事，不要翻出那些陳年舊帳。**記住：最好的關係存在於對別人的愛勝於對別人的索取之上。**用百分之百的負責態度去對待愛情，但是不要期求太多的回報。

良好的婚姻，需要兩個人的精心維護，細心經營，而培養共同的愛好，是婚姻歷久彌新的一道秘方。其實，即使愛與被愛極其融合，也不一定就擁有長久的幸福，因為幸福的婚姻是多方面需要的滿足。正因為如此，我們說幸福的婚姻是一種伴隨著情感與理智、經驗與教訓、淚水和欣慰的不斷追求，要真正擁有它是不容易的。

夫妻之間最重要的是寬容、尊重、信任和真誠。即使對方做錯了什麼，只要心是真誠的，就應該重過程、重動機而輕結果，這樣才能有家庭的和睦、夫妻的恩愛。寬容是善待婚姻的最好方式，充分理解對方的行為做法，不苛求、不責怪，如此，才能給對方以愛的泉源，才能使得婚姻如童話般妙趣橫生、美滿幸福。所以說，愛是一門藝術，寬容是愛的精髓。

婚姻是一個商人最容易與最困難的投資，必須慎重考慮，從長計議。世上有不少人僅僅抓住一次機會，就完成了婚姻大事，這樣能夠善始善終、非常幸福的婚姻是很少見的。為什麼呢？因為在這一類結合中，一般來說不僅要有相互的同情，在必須成功這一點上，也要具有堅定的決心與堅強的信念。在這重要的投資裡，值得慶幸的是你性格溫和、儀表不凡、一表人才。如果對所有這些上天的恩賜加以靈活運用，的確可以對婚姻這個事業進行了不起的投資。

這個投資對象應該具備怎樣的資質呢？如果你徵求我的意見，我就會建議你去選擇溫柔善良、人品好的女性。你要仔細瞭解她是否媚俗、嫉妒心是否強烈，如果是這樣，你就絕對不能選擇她作為你的終身伴侶，因為這一類性格在婚後會惹起無窮的後患。你千萬不要接近那些長舌婦，對那些貪婪的女人也要視之為瘟疫，遠遠地避開為好。

不過，我也想對你說說另外幾點注意事項，你一定要考慮以下這些方面：這位女士是否活躍？是否愛清潔？是否有幽默感？這些是更進一步的要求。一般來說，只要具有魅力、人品好、人聰明也就夠了。因為不可能所有美好的東西都屬於你，所以不該太過重視她或多或少的缺點，如果具備了以上三種關鍵的品格，你將來的生活就會安寧幸福。不過，當你面對不可迴避的家庭危機時，必須抱持相互尊敬、愛戴的信念，一起去解決問題，要把「分手」這個詞從你們的心中、你們的字典裡永久刪除。

你完成對這個新的投資之意見書以後，最好用心去製作某種借貸對照表，按照適當的比率安排家庭的時間與工作的時間，偏向任何一方都是不健康的。你尤其要注意，在蜜月旅行結束後不久，工作不可過於繁重。追逐萬能的金錢固然是我們的工作，但如果每週從早上八時工作到晚上六時，還不能維持生計，這種工作你千萬別碰它。

如果你能實現我在此所描述的大部分，並且使事業的成功與無數的幸運永遠跟隨著你，你就能夠擁有並且維持幸福的婚姻。

愛你的父親

第二十六封信：演講的藝術

當眾演講不僅需要勇氣，更重要的是具備說話的藝術：你只有先說服別人，才能把你的意願轉化為行動。

親愛的小約翰：

今天上午，從克羅希爾那裡聽說你受哈佛之邀，為他們的學生做有關你在校期間實習的報告。聽到這個消息，我打心底感到高興，不過恐怕你還根本沒有為此事做任何準備，去完成這個充滿名譽的任務。

我寫信給你，想特地就此事和你談談演講要注意的事項。**當眾演講不僅需要勇氣，更重要的是具備說話的藝術：你只有先說服別人，才能把你的意願轉化為行動。**我記得以前你在演講時總是莫名其妙地緊張，我認為一個失敗的演講者之稱謂不會為你帶來什麼好處，相反的會產生許多負面效應。因此我用我的經驗，向你述說如何才能夠成為一個可以「掌握鼓舞人心的演說技巧」之演講者。

為了減輕你的壓力，我先說幾件事。首先，根據最近的調查，使美國人最害怕的不是死亡、自然災害或者中情局的調查，而是在公眾面前演說。我對此只是稍微有點吃驚。任何人都沒有必要告訴我當眾講演是多麼艱難。當我年輕的時候，就像一朵開在牆上的黃色草花，出奇地害羞，在一個社交場合當眾講話，對我來說像是受酷刑一般，要面對一大群人發言遠比上絞刑架還要痛苦。

我談一下我第一次演說的故事。當時，我緊張得不得了，以至於不得不閉著眼睛講話。現在回想當時的情景，的確是相當可笑，我一直希望如果我不看聽眾，他們就會悄悄離去。等我講完了睜開眼睛一看，不幸得很，我發現我如願以償了——只有一位聽眾還沒有走掉。他長著一副學生模樣，愁眉苦臉地坐在那兒。我希望能在這次大難後找到點安慰，於是我問他為什麼沒有離開，他皺著眉頭回答我說：「我是下一個發言人。」

後來，我親自找來總統競選的錄影帶，看了以後得到許多經驗，我看到一個候選人只是淺嘗輒止地引用了幾個資料，來論證他的觀點。他用了一些資料，但是他知道這不重要，重要的是資料所要證實的要旨。從他們辯論後幾天的民意調查來看，更多的人認為他比另一個更好些。但是在第二輪辯論中，另一個候選人克服第一次所犯的錯誤，他沒讓自己陷進枝微末節的網中，結果他獲得了好評。

這位總統在首次辯論中嘗到了我頭兩次演說同樣的教訓。演說不是口頭考試，演講人不是在講台上證明他懂得高深的數字意義，任何演說的目的都是要影響聽眾。千萬不能說：「去年我們推銷了一百七十二萬五千三百四十一件產品。」我現在只會這樣說：「我們的銷售量超過了一百五十萬美元。」如果我們的銷量每季度都有增長，我不會說出每次增長的確切百分數，我僅會聲明：「去年的銷量穩步上升。」準確的資料和日期只是奇妙的修飾，但最好留在年度報告裡說，如此讀報告的人可以在有空時仔細推敲這些資料。事業正在蓬勃發展的事實才是馬鈴薯煮牛肉，才是聽眾愛吃的一道主菜。

此外，頻繁地看演講稿對一個演說者來說，也是十分致命的錯誤。有一次，我被邀請去大學演講，結束後，我請教了當時在座的一位朋友。使我很吃驚的是，他清楚地記得我當時的舉止，我問他是不是在開玩笑，他回答說：「不，事實上我也不是全記得，只記得一部分。例如，你的頭髮。我覺得任何人都不會忘記，你有一頭漂亮的濃髮，你給了我們足夠的機會欣賞它。首先我們看到了你的髮線，然後，每隔一分鐘左右你會讓我們看一眼你可愛的頭頂，你就差沒有讓我們看你的後腦勺了。或許你還應該在談話中轉一、兩次身，讓我們從每一個角度欣賞一下你的秀髮。這次演講很有效果，我一直在想：為你理髮的理髮師是誰？」

我記得當時聽後很吃驚，我這次演講不是為了要達到這樣一個目的，卻因我太多次看演講稿而使我的聽眾走了神。並且，從我後來詢問的幾個人之談話中知道，這樣做也給人留下一個我沒有熟練掌握事實根據的印象。

此外，在演講時一定要掌握好時間。有兩次演講我發言的時間明顯超過了人們忍耐的極限。第一次演講的對象是高中一年級新生，等到我講完時，他們一個個看起來都老得可以畢業了。第二次是面對耶魯俱樂部的部分成員，這些紳士們最年輕的也有七十五歲。我不過才講了一半，就注意到不少人腦袋垂了下來，屋子裡充滿了平穩的鼾聲。這些聽眾好像要告訴我些什麼，但他們不說我也明白了。

但經一事，長一智。由於這兩次經歷的教訓，我做了自我測驗，得出的結論是：緊張是我首先要克服的問題。既然我極度緊張是對聽眾的「可怕」人數之反應，我覺得需要想出一種與他們打交道的辦法。在不那麼害羞以後我注意到，一對一交談時我一點問題也沒有。因此我推導出，如果不再把聽眾看成是一群姓名不詳的「烏合之眾」，我或許會覺得舒服一些。

於是，我把他們具體化、個人化，把一群人看作是友好的個人，他曾經邀請我到他的起居室裡閒談。我還會設想出我這位朋友的精神面貌，在每一個例子中把他的長相特殊化。如果聽眾坐的地方很暗，我就把他擱在中間；如果我能看清我的聽眾，我會從他們之中挑出一個有同情心的臉孔，把這張臉孔想像成朋友的臉孔。這樣我就把對一大群人演講當成面對一位老朋友在交談，如此使我的講話變得更親切、更輕鬆了。這種辦法使我不再感覺是在對一群黑壓壓的人群講話，緊張感也就消失了。

講話囉嗦是我要對付的第二個問題。在檢查了我頭兩次的演講稿後，我發現它們過於詳細了。在一次演講中羅列過多事實，會使一個最擅長此道的人也陷入困境。還有一些經驗，有時我乾脆不用演講稿也不去背演說詞。我會擬出一份大綱，並記住我要闡述的要點，一旦覺得自己走了題時就看看大綱。我就像與某人交談似的發表我的演說。

如果我要求你十五分鐘後到我辦公室裡來談談你對發展潤滑油事業的想法，我懷疑你會帶著一份準備好的稿子來見我。實際上此時你應會整理一下思路，保證不漏要點，然後即席地說出來。不要讓自己的談話聽起來像是從磁片裡放出來似的非常乾澀無趣，而應該讓人覺得像是經過一番考慮後，有聲有色地說出來的，如果這樣做，就會令人留下你很瞭解這個問題的印象。進一步來說，如果打破了機械演說的桎梏，你會自然地被自己的講話煥發出熱情，就會圍繞著主題有話可說，而不會因為緊張而忘了詞。

如果在演說中做到百分之九十九的自如，就不用去考慮你會講多長時間。除非被限制在很短的一點時間內，那時就要長話短說；此外，如果有過於充裕的時間，應該讓那裡的負責者知道，倘若你的發言很簡短，他們必須設法來補充，不要東拉西扯地把演說弄糟。如果這位負責人不許你這樣做，你也不用害怕，就按自己的計畫來演說好了。

我學著使演講短小精幹，而且從不亂用幽默故事，除非這個故事能說明問題；我還學著不在演講中引用太滑稽的典故，因為這樣做會中途打斷我的演說，讓我沒法再講下去。還有一點特別要加以防範，那就是即使你提出的大量消息都有不祥之兆，而且前途暗淡，也要讓你的聽眾覺得並未失去希望，要以樂觀主義者的情緒結束演講。

我說這麼多乏味的故事，或許聽起來不那麼有理，或者沒什麼用，但我認為這至少對你的演講具有一定的積極作用，我希望能夠看到你熱情高漲地去演講。

愛你的父親

第二十七封信：構築管理金字塔

我們應該抓住每個機會給別人鼓勵，一個人能給予別人最珍貴的禮物就是溫柔的鼓勵，生命中沒有比分享快樂更快樂的事。

親愛的小約翰：

聽你的妻子說，最近一連四個星期，你一直很晚回家，你正在為公司一項沒有得到充分實施的顧客服務專案，分析和策劃可能的改善方面及其方法，為了準備調查報告，每天都工作到很晚。我知道這是一項關係到公司生存、為公司奠定基礎的極其重要的調查。你的工作熱情應該值得肯定，但是不知道你是否真正搞清楚了自己的職責。

事實上，其他公司的管理者也與你一樣越來越忙，常常是從早忙到晚，連假日也不得休息。然而，部下的責任心似乎越來越差，他們缺乏工作熱情，以致整個公司的工作效率日漸低下。這種現象的發生，你不覺得其中有問題嗎？當你忙不過來的時候，你是不是做了許多部下該做的事情？你不是戰士，而是戰士們的元帥，你應該學會領導而不是管理，應該給部下發展的空間，讓其縱橫馳騁。這就是如何進行有效授權的問題，也是擺在眾多領導者面前的一個突出的難題。

約翰，不知有多少次別人問我：「要怎麼做才能同時經營幾家公司，還能讓自己擁有兩個月的假期，開著家用小車去享受大自然的樂趣呢？」我的回答總是同樣的一句話：「要學會把日常的業務委託給非常能幹的管理人員。」

大概你會說這是簡單的回答。的確是簡單的回答，可是事業的經營者能夠把自己的工作委託給他人，訓練自己的部下，使其提高工作能力的現象，是非常少見的。為什麼太多的人不願意把工作委託給部下呢？這對於我來說是個謎。是不信任他們？還僅僅是覺得員工愚蠢？或是害怕別人工作做得比自己好？我想後者大概是主要的理由。「因為他大概比自己還能幹」，所以具有把某項工作委託給某人的勇氣的人是很少的。

根據這個情況，我不得不下這樣的結論：一個不能把工作委託給部下，或不想委託工作給部下的經理，肯定是對自己是否有能力擔任經理職務而感到惶恐不安。在我們公司，如果有這樣的經理，他就是失職。每遇這樣不會培養部下的經理時，事業的基礎就受到了腐蝕。

作為領導者的我們，應該抓住每個機會給予別人鼓勵，對他們加以提拔重用。一個人能給予別人的最珍貴的禮物就是溫柔的鼓勵，生命中沒有比與別人共同分享快樂更快樂的事。透過對管理者的工作盤點，我們可以發現，主管百分之八十的工作都是可以授權的。他只需做事關公司生死存亡的百分之二十的工作即可。具體內容包括：企業戰略決策、重要目標下達、人事的獎懲權、發展和培養部屬。其他可以授權的百分之八十的工作主要有：日常事務性工作、具體業務性工作、專業技術性工作、可以代表其身分出席的工作、一般客戶接待。因此，作為一個管理者，在授權時必須對自己的職位、職責有一個明確劃分，按照責任大小把工作分類排序，自己只做最重要的工作就行了，其他的都可以授權。

需要著重說明的是：無論授權到何種程度，有一種東西你是無法下放的，那就是責任。如果管理者把責任都下放，只能說他是退位而不是放權。各級主管在此常犯的錯誤就是：授權時他以為責任同權力一起交給部屬了，當部屬無法完成指派的任務時，他會追究部下的責任。事實上授權只是意味著責任的加大，不僅對自己，更要對部下的工作績效負全部責任。

其實，這些管理理論你都懂，你的這份報告已經讓秘書寫了好幾次都不行，你覺得很耽誤時間，所以決定自己寫！這也是我想和你說的問題，寫重要報告的時候，為了慎重起見，要確認五個階段的模式。首先，目的的設定——這份報告要弄清楚的是哪一點；其次，為了得出與目的吻合的結論，需要什麼樣的情報，該怎樣調查和選擇；接著，實際蒐集必要的情報；再來，為了能正確分析，應有系統地整理處理過的資料；最後，得出目的結論之最後分析。

高明的職權委任之第一原則，是對於部下的能力、野心和欲望進行細緻的評價。一般人，如果你給他機會，他所取得的優秀成績會讓你大吃一驚；並且在接受新任務的那一天，一定信心十足。在企業界最令人高興的不是加薪，而是自己的能力得到重視，被授予能夠引起熱情的任務。當你知道接受新任務的部下做得很出色時，你的喜悅也許是另外的問題。

如果把重要的工作交給部下，你就應該給予指點。為了使堅強的、有能力的管理人員和忠實可靠的部下合為一體，作為堅實的基礎，就需予以指點。在產業界獲得巨大成功的人，常常是極其優秀的教師。當優秀教師，就是要支援和鼓勵學生，耐心地、盡可能地引導他們的潛在能力。

決定人選，完成訓練計畫之後，為測試努力的成果，至少有一部分工作須委由新人去做。能否帶來最後的成功，關鍵在於新分配的任務的整個管理系統能否發展。希望你能經常透過新的情報盡早地發現問題，及時糾正錯誤，這意味著確立你和你的部下之間的聯絡方法。最重要的是你要有信心，相信他們能完成新的任務，並在實際上為你完成任務。你的新任務就是支持他們，使他們能夠克服困難。

約翰，你的工作只是向最優秀的人才提供最合適的機會、最有效的資源配置而已。

交流思想、分配資源，然後讓他們放手去做——這就是你的工作實質。**「管理得少」就是「管理得好」，或者反過來說也一樣，「管理得好」就是「管理得少」**。這是一種境界，是一種依託企業謀略、企業文化而建立的至高之經營平台。

要「管得少」，又要「管得住」，就必須進行合理的委任與授權。事必躬親導致的結果：一是效率低下，二是整個公司失去工作積極性。因此必須透過合理授權，使公司所有成員有充分發揮自己能力的平台。在必要的指導和監督下，你要信任你的部下，賦予部下相應的權力，鼓勵他們獨立完成工作。

建設事業或者公司的某個部門，就像從上面建起金字塔一樣。你是頂部的石塊，在你的下面能夠有多少層堅實的基石，就看你選擇、訓練、依賴、監督或者晉升部下的能力了。許多經理都不理解這一點，深怕提拔部下後自己的地位受到威脅，這是最令人遺憾的。你的情況怎樣我不知道，但是我對自己的金字塔的基石是很有把握的，晚上可以安心地睡覺。

大約在西元前兩千六百年，埃及的斯尼夫魯王第一個真正地建起了金字塔，而繼承他的遺志建起理想金字塔——吉薩金字塔的，是他的繼承者古夫。希望你繼續建設你的金字塔，並且像古夫王那樣，把它建成一個理想的金字塔。

愛你的父親

第二十八封信：用人的哲學

人生的信條不應該是「互相原諒」，而應該是「互相理解」；小小的善意勝於對所有人的熱愛，不原諒別人的人，也就等於斷了自己的路。

親愛的小約翰：

你對我的突然來訪似乎很吃驚，因為今天我突然有一種特別的想法，可以說是突發奇想，於是我穿上多年未穿的工作服，去了我許久未去的公司，或許這只是我無意識的行為，而結果卻令我不甚滿意。

我剛走進大廈時，得到了許多老員工的問候，所以我未覺得有失落感，接著我又習慣性地來到了你的辦公室，由於我事先沒有通知你，因此我的到來讓你感到無比驚訝。

你問了我對公司的感覺，我想，你的成績還是能夠讓我滿意的，至少工作有序，井井有條，與我在這裡時沒什麼兩樣。然而，當我詢問維奇的情況時，你告訴了我維奇辭職的結果，這讓我有些詫異，要知道把一個職員培養到能夠就任工作，得花費多少資金啊！你怎麼能輕易地讓一個職員辭職呢？職務不同費用也各有多寡，因此為了最大限度地提高經營效率，必須將離職率保持在最低水準。若是不斷辭退剛剛訓練完畢的職員，訓練職員這項支出就會佔去公司的大部分利益。為了維護部下的士氣，創造一個良好的氣氛，這也是必要條件之一。

約翰，根據你所說的情況，可以看出你是他辭職的主要原因。由於你的每一個方案都會遭到他的反對，幾次下來，你就開始無法忍受這樣的部下，於是你們兩個發生爭吵，兩天後維奇便遞了辭職信。這件事的發生，使我很自然地又想起了這句話：人生的信條不僅僅是「互相原諒」，而且還應該是「互相理解」；小小的善意超過對所有人的熱愛，不原諒別人的人，也就等於斷送了自己的路。

你也知道，維奇已經在我們公司做了十三年，他忠於職守、勤勞能幹，這一點誰都不會產生懷疑。當然不可否認地，他有時也會有稍微超出本份的行為，但我認為這些與他的優點相比都是次要的，我通常也不去理會，你竟然評價他是「一條躲藏的毒蛇，準備隨時隨地乘人不備時咬上一口」，這一點我不敢苟同。

猶記在我直接管理公司的銷售部門時，他雖然有些方面顯得有點古怪，卻是一個十分稱職的職員。難道就是因為他的怪脾氣引起了你的反感，導致你們反目成仇？當初，我也擔心脾氣不好會影響工作，以至於走向失敗。於是對他的脾氣進行了認真的調查，同時我也有意地觀察我們周圍的一切，卻發現了一個饒有趣味的現象。

在廣漠的宇宙間，雖然有這麼多的人，可是卻不存在有兩個人的想法是一模一樣的。我們不僅外表不同，想法也各異，這件事情本身就說明造物主的造物技巧是何等卓越。然而，令人吃驚的是，我們卻無視這種差異，總是忙著去締結婚姻、懷著一顆愛心養育子孫、與朋友交往、僱傭快樂能幹的職員。

事實的確如此，在企業營運過程中，在對待下屬員工方面，千萬要記住，不管我喜歡他的個性也好，不喜歡也好，不管他的個性是乖戾、孤僻還是柔順、溫和，都不必過多地考慮，而要把注意力集中到他的工作成績及工作態度上。一個職員一天一次、兩次還是擤一千次鼻涕都不成問題，只要不給他人造成麻煩、令人不快，或者是特別古怪的脾氣，都不應該成為辭退他的理由。

在我們的身上，都存在著各式各樣的，甚至是特別古怪的癖好。即使如此，我們每天還是要見面，肩並肩地一起協調工作，組織我們龐大的產業集團。當我們覺得他人的性格古怪時，一般來說只是看法或想法不同罷了，只是由於他們的人生觀、生活觀與自己不一樣罷了。

因此，我們切忌用自己的標準來衡量員工，只要不去在意員工的內在癖好，或者不把它們當一回事，就能夠建立我們的經營集團。如果領導者不這樣做，一個集團是無法成立的。要知道一點瑕疵都沒有的職員是根本不存在的，包括所有人在內。

如果認真地考慮維奇先生辭職的理由，將會對你以後的用人方法大有益處。聽你所述，他特別的脾氣似乎怎麼都不能讓你稱心如意。要知道我們是一個企業，個性是比智力更崇高的。**日本的大松博文說過一句話：「一個沒有任何個性的人，只能做出一般的**

產品。只有在工作中發揮個性，才能有新的點子，找出新的方向。」維奇在我們公司工作了十三年，這期間沒有一位職員向我反應過對他的不滿，這個事實應可敦促你不斷地反省。

不可否認的是，也有那麼一些人，他們總是與人搞對立，處處貽誤公司的工作；然而，處理責備他們的時候，他們又變成刺蝟，一腳踩上去，讓人們痛苦不堪。但維奇不是這樣的人。或許，你沒有真正瞭解一個企業家的用人心態，這種心態歸結起來有以下四點：

首先，企業家只有確立「公司裡沒有不稱職的人」之人才觀，才能在用人上做到人盡其才。每個人都是構成公司的重要的一塊磚瓦，只是位置不同罷了。只有在思想上、情感上把員工看作是人才，才能在行動中正確地使用人才。

其次，企業家在選拔、使用人才時，只有樹立公正、民主的心態，才能招攬人才、人盡其才。總之，員工是寶貴的資源，不應將他們跟青磚紅瓦、泥灰等建築材料相同對待，也不可把他們當作機器一樣對待。

第三，企業家在用人上只有具備「看人長處、容忍短處」的寬宏心態，才能調動一切人的積極性。因此，想要發揮人才效應，要具備七分看長處，三分看短處的心態。人在人格上雖然一律平等，但特質方面卻各不相同，這是宇宙的真理。

最後，企業家還要有勇於任用仇人的用人心態。身為一個領導者，必須能夠不受細節或感情的束縛，凡事都要包容，如此，才能夠招攬到各種人才。如果能更進一步地使這些人才適得其所，功效就會更大了。企業家在用人上還要有感恩的心態，才能選出真的可以將自己的才能完全貢獻給公司的人才。

一位優秀的企業領導者，假如能夠把每個下屬所擅長的長才有效地組織起來，就會給企業的發展帶來整體效應。因此，有效地調動每個下屬的長處，是一位合格的企業領導者之責任。換句話說，高明的領導者會趨利避害，用人之長，避人之短。如此一來，人人可用，企業興旺，無往而不利！

在一個人的身上，其才能有長處也有短處，用人就要用其長而不責備其短。對偏才來說，更應該捨棄他的不足之處，而用他的長處。

我不想去干預你的事業，我想，對於這些企業家的用人哲學，約翰，你還是欠缺的太多啊！

愛你的父親

第二十九封信：贏得人心的技巧

有些人以為，換個環境或工作，他們就會快樂，可這個想法是令人懷疑的；事實上，能對別人做得最好的事情，就是和他分享你的富有。

親愛的小約翰：

謝謝你能夠來聖瑪麗醫院探望我，不過你看起來心事重重；同時也謝謝你對我的信任，把當前遇到的一些麻煩全部告訴了我。不過，這是每個領導者都會遇到的難題。你的得力悍將古里特遞交了辭職信，使你很擔心，你不清楚為何會失去像他這麼可貴的管理人才。況且兩個月前布盧斯剛剛離開，這就更加令你擔憂。你覺得有必要調查清楚他們離去的原因。

你不必為此著急，據我自身的經驗來看，員工離職主要有以下幾種原因：有些人是為了改變生活環境而換工作；有些人是性格不穩，不能一直待在一個地方；還有很多人是為了追求理想的工作職位而成為「為觀念所強迫的人」。這些人不管去哪個公司，都是來了就走的「候鳥」，對於公司來說，他們是時間和金錢的極大浪費者。

約翰，與員工相處需要高超的技巧，若想做一個好的管理者，更需要處理許多微妙的關係。你作為公司的首腦，必須掌握職員跳槽的一切原因。在這個基礎上，你要盡可能地消除公司裡存在的跳槽動機，這樣才能挽留踏實可信的部下，和營造良好的工作環境。並且，你要積極支持你的職員之成長，改善他們的工作環境，提高他們的待遇。如果他們知道你已為他們的工作和生活盡了最大努力，他們就會在打算跳槽時有所猶豫。

依我看，在工作中沒有充實感——對報酬、公司地點、上司等產生不滿，常常是員工跳槽的主要動機。如果做了一天的工作卻沒有充實感，他們就會對第二天的工作沒有興趣和熱情，這種狀況是無法長久維持的。優秀的管理人員要學會觀察，更要勤於觀察，以免部下之間擴散不安定心態、厭倦感和不滿情緒。最近出現了一個接一個的辭職現象，原因很可能在於你的管理不力，沒有真正做到切實關心員工利益。

這是許多身居高位者常常忽略的事情，即忽視了與下屬溝通思想。約翰，你應該每幾個月徵求一下部下的意見，問問他們對你平時的工作方法是否有不滿意的地方，讓他們具體談談在哪些方面有待改進和改善。許多優秀人才在沒有說出自己的意見，或公司沒給他們解除不滿的機會時就走了。

早年我在別人的公司服務時，我們部門裡一位已經是老手的職員，表示他工作過於緊張，似乎做不下去了，並且遞交了辭職信。他認為與其被解僱，不如自己辭職更好一些。幸好我及時瞭解情況，知道他完全是誤解了自己所擔任的工作。他感到自己的責任比公司對他的期望要重得多。當時我就詳細地與他談了對他的工作之具體要求，讓他放鬆地投入工作，不要懷有太大的壓力。談話一結束，本來還是愁容滿面的他，走出辦公室時已經是信心滿懷了，作為上司的我也放下了心。因為我及時挽留了一個部下，使得他現在已經成為那家公司最優秀的職員之一。

一般來說，年輕人，尤其是銷售部門的人，都有一種向著目標邁進的頑強個性，如果看不到晉升的希望，他們馬上就會有變換工作的想法。因此，對你隊伍裡的每一個成員之情況，你都要定期進行觀察，及早發現並徹底解決他們的要求，或許憑著你的一句鼓勵話語或是小小支持，就能夠消除他們的不滿。

不可否認，有一部分年輕人得知同事、朋友或者同行的熟人升職就暈頭轉向。他們瞬間的反應，也許會認為自己沒有別人聰明、容貌不佳、沒有魅力，或者認為自己沒有出色的表現，一定是因為工作不適合自己、公司不適合自己。也許完全是那樣，但是如果事實不屬於他們所想的那種情況，你必須想辦法說服他們，使他們清楚地知道：技術知識、熱情、努力以及誠心一定會得到回報的。但是自己在平時一定要為自己打好基礎，在機會到來時不要與之失之交臂。只有這樣，一切才能按照他們所預想的或希望的那樣得到回報。

如何防範人才流失，並將人員流動率控制在最低範圍內，是管理者的重要目標。你想挽留關鍵員工，單單依靠薪資、獎金是不夠的。你想要留住員工，首要的是留住他們的心。怎樣才能留住心呢？

首先，你要以公平利益吸引他們。公司的薪酬水準決定了公司留住關鍵員工的能力。薪酬的影響，不僅取決於行業平均薪資、公司經營狀況和員工績效等決定報酬的絕對數量，也取決於報酬的相對數量和員工的公平滿意度。因此，公司應以績效論英雄，按貢獻定報酬，以競爭促進效益。

其次，你要為員工搭建一個展示自己的舞台。公司的員工，無論才能高低，沒有不希望能夠施展自己才華的。你應該從內心深處尊重、愛惜人才，創造一個人盡其才的環境。**英國卡德伯里爵士認為：「真正的領導者鼓勵下屬發揮他們的才能，並且不斷進步。失敗的管理者不給下屬自己決策的權力，奴役別人，不讓別人有出頭的機會。這個差別很簡單：好的領導者讓人成長，壞的領導者阻礙人們成長；好的領導者服務他們的下屬，壞的領導者奴役他們的下屬。」管理者應該學會以積極的態度看待失敗，允許員工犯錯。**

最後，你還要給普通員工成長的機會。優秀的領導者對普通員工是絕不會放任不管的。把普通員工當作優秀員工對待，重視每個員工的成長與發展，普通員工也能創造出與優秀員工一樣的業績。在某種意義上，員工的成長也就是公司的成長。

許多公司之所以能夠吸引一流的人才爭相加入，是因為它們有完善的員工培養計畫，有助於員工自身素質和就業能力的提高。如果管理者能夠給員工表現的機會，使他們脫穎而出，並且隨著公司一同成長，離職現象就不再是困擾公司的難題了。

莎士比亞曾經寫道：「我們知道自己是什麼，但不知道自己今後會成為什麼。」你很有必要仔細瞭解自己隊伍裡的每個成員，和他們一個一個地或全體小組成員談心，詳細地瞭解他們的計畫與打算。作為公司的管理者，雖然你不可能指望全體優秀部下一輩子支持你，但是如果能夠常常關心他們的利益、雄心和幸福，我想應該是可以把大多數人留在身邊的。希望你能領會這一點。

有些人以為，換個環境或工作，他們就會快樂，可這個想法是令人懷疑的。事實上，你對別人做得最好的事情，就是與他們分享你的富有。

愛你的父親

第三十封信：出色的領導者

歷史證明，那些顯赫一時的領導者，通常都曾遇過無數艱難險阻，而他們之所以勝利，是因為他們失敗之後沒有氣餒。

親愛的小約翰：

首先，我要恭喜你被同行推薦為商會會長。你真算得上是年輕有為者的典範。可是你卻認為自己只有三十二歲，害怕自己難以勝任。

你怎麼會有這種想法呢？這應該是一件值得慶賀的事情啊！僅僅三十二歲的你，就受到廣大會員的擁戴，你真應該感到榮幸之至。我像你這麼年輕的時候，恐怕還是個默默無聞的人。你不應該有如此自卑的想法，更不能在重任面前膽怯。歷史證明，想要成為顯赫一時的領導者，必須經歷無數次的艱難險阻，要具備失敗之後從不氣餒的精神。

約翰，同行會員既然推選一個人為會長，他們肯定是認為這個人具備當會長的條件，否則不會去推舉他，所以自卑感是完全沒有必要的，要知道年齡不是擔當重任的最大障礙。農場裡的孩子在證明他能做好大人的工作時，他也就變成了大人，這跟他過了幾次生日沒有關係，我想這對任何人來講都是適用的。當這個人證明他可以做好會長的工作，或能夠勝任任何職位時，自然會變得老練。

因此，即使前任比這個人年長數倍，也不表示後繼者不能成為一名才華出眾的領導者。事實上，許多前任只是同行友人出於好意推選出來的，在他們的任期中，本行業因這個人陷入不利之境的事情，也屢見不鮮。因此後繼者不必為歲數擔心，應該充分地擁有自信，學會去用感人的領導藝術駕馭商會。**以我多年來的經驗，我認為一個優秀的領導者首先應該學會感人。**感人就是以自己的氣質、思想、形象和行為來感染、感動、感召他人；感人是一種影響力，並且透過這種影響力來改變對方的思想和行為，使他人為完成共同的目標做出努力。

對於領導者來說，感人是一種既高尚又微妙的領導藝術，是一個團體組織在事業上賴以繼續、發展，乃至興旺發達的心理紐帶和精神動力。所以，你根本不必為此而擔心，你應該做的就是充分地擁有自信，學會運用感人的領導藝術統御商會。其具體做法應該遵循以下三個原則：

首先，領導者要以不同凡響的氣度和美的外表形象感人。領導者要善於塑造自己的形象，這包括本人的氣質和外在的美感。比如從衣著打扮到言談舉止，目的是要給他人以良好的感覺。你應該顯示出在社交活動中特有的熱情而不失禮節；幽默而不失瀟灑；敏捷而不失坦率；果斷而不失謹慎；自信而不失謙虛。如果具有這種氣質和形象，就能進一步贏得他人對你的好感，這樣才有益於組織的經營和發展。

其次，領導者要以高尚的人格來感召他人。人格是指領導者的思想品格和道德情操，人格是一種更深層次的內在心靈。領導者要有忠厚誠懇、坦率仁愛之心，他要愛人、尊重人、信任他人，這樣才能感動他人。假使領導者缺乏高尚的人格，組織的內部就難以形成向心力，只會滋生離心力。因此，人格感召對招攬人才，形成向心力十分有利，這是組織成功的重要前提。

第三，領導者要以實幹精神和以身作則的作風感人。領導者不應該官員化，更不應該官僚化，領導者應該是個實業家，他首先是一名實際工作的推動者，而不是一名只會發號施令，以領導別人為樂趣的官僚。實幹、身先士卒就能加深與別人的感情，這就是榜樣的感召力量，這種力量是任何時候都需要的。人們常說有些人天生就具備領導的天分，的確，這種情況很多；但如果決心接受這個職位，千萬不可忘記，透過學習而成為成功領導人的也不在少數。正如人們藉由求學成為會計師、醫生、律師或者印第安酋長一樣。

當然，我以上所說的理論實際上只是一種總結。好在你已經當過幾年經理。你不必考慮過多，就我而言，各個領域都是相通的，你的領導能力不應受到局限。如果你想從人際交往中得到真實的情感體驗，就應該在領導商會的過程中，使自己的聰慧、自信、領導能力，以及善待員工的良好特質，形成一種吸引人的光芒。如果處理好人際關係，這光芒便會使你周圍的人產生一種向心力。

領導者要以敢做、善於承擔風險的經營風格感人。這是領導者有力量、有膽識的表現。同時，這種風格也是感染部下和員工的領導藝術。一個優秀的領導者應該以身作則，樹立榜樣，帶領大家前進，只有這樣，你才能使整個團體運作起來，你才會被人視為領導。

即使你只讓掌舵的手休息五分鐘，其他人也會紛紛仿效，而且在你根本沒有察覺之前，問題就開始堆積如山，並且開始向無望之海崩潰、墜落。因此，一定要一切從你自身開始，然後要求全體有關人員，拿出聰明才智，做出最大限度的努力。

約翰，你不必擔心你的年輕，年輕絕不是一項負擔，除非是年輕人自己這麼認為。許多年輕人覺得他們被自己的年輕拖累了。的確，如果有人怕自己的職位受到威脅，他可能會用「年齡」或其他理由來阻擋你的升遷。

但是那些實力派的人物絕不會這樣做。他們會把他們認為你能承擔的責任，盡量放手交給你。這時你就要積極地發揮你的才能，證實你的「年輕」是一項有利的籌碼。

你取得成功的比例，將取決於你的會長任期結束時，你開創的一切在怎樣的程度上後繼有人，這才是真正的試金石。同事們讚揚你的努力，你就要誠懇謙虛地予以接受。人真正的本性，往往在接受表揚時能看得一清二楚。

出色的領導能力，始於試圖跟他人進行思想上的溝通。必須與人們保持或者締結親密的關係，這樣人們就會關心領導者付出的努力。這個領導者有必要擇優選出那些能給你的想法添加他個人新穎想法的人員，他們甚至是能夠思考出將它付諸實施的方法、充滿信賴感的革新派人士，這是第一階段。

以上所說的核心，我想正是那看不見，但我們卻又不得不去面對的——人際關係，如果人際關係處理得好，會使周圍的人有一種向心力，這個力量的中心就是領導者要大膽地決定先後的順序。

領導者必須勇猛果敢地站在同輩們的前列，這才是領導者的風範。在制定計畫的時候，一定要考慮在隊伍中誰最適合擔任各個領域的負責人，不可掉以輕心地認為，這件事可以分配給托爾，那樁事可以由彼得去辦，那種事可以叫喬治做。如果沒有大家齊心合力、眾志成城，任何人都將無法開創任何偉業。

約翰，對自己充滿信心，你肯定會成為一位偉大的商業領袖。

愛你的父親

第三十一封信：和平致富

和平對每個商人來說皆是至關重要的，只有在一個公正、公開、公平的和平環境中，利潤才能得到法律的保證。

親愛的小約翰：

我們不能透過戰爭來結束戰爭，只有當整個世界都有危險的事情發生，才需要戰爭，才需要你為之獻身。我們是商人，對商人來說沒有比和平更重要的了。我希望你永遠不會應召入伍，因為戰爭意味著這個世界會失去平衡，整個國家都會處於一種癱瘓的狀態。

當年，林肯在薩姆特要塞失陷後，號召七萬五千名志願者參軍。整個克里夫蘭舉行了多次火炬集會，徵兵站遍布街頭，我卻花了三百美元僱人代替我入伍。我這樣做，不是有意要逃避義務，事實上當年我也是很想去參軍盡義務的。我在很早的時候，就支持北方的聯邦事業和廢奴主張，記得在我的中學論文裡，我就反對那些逼迫奴隸們在南方灼熱的太陽底下工作的殘忍奴隸主們。而且，我把我的第一張選舉總統的選票，投給了亞伯拉罕・林肯。

但那時，我要去參軍的想法是根本不可能實現的。我的事業剛剛開始不久，假如我不留下來，生意肯定不能持續下去——那麼多人依靠它來生存呢，我必須賺錢供養我們的六口之家。我不能去參軍，但我會盡可能地用我的收入去支援那些士兵，我想我是能夠做到這一點的。

約翰，整體說來我們現在的社會還是不錯的。我們從中受益，也遵循它的規則。我們選舉領導人做出公眾決議，他們也不比你我熱愛戰爭。因此當我們的領導人決定，我們必須以國家這個整體形式參戰時，他們的決定也一定是有原因的。他們可能發現了對我們生活日益增長的威脅；他們可能認為只有透過戰爭，才能夠實施他們的治國方針；

他們可能認為只有透過戰爭，才能使我們的生活得到保障。

但是以個人身分而言，你可能不同意他們的觀點。你可能不相信他們的政策之迫切性；你可能認為他們極力維護的並非那麼重要；也可能認為對我們的生活最大的威脅，就是你參戰陣亡，留下孩子無依無靠。政府不想讓你進行選擇，他們否定了你決定戰爭是否正義的權利，他們只允許你順從他們的決定——沒有理由可以拒絕參戰，哪怕你的親人受到威脅。

但是，如果你並非是個絕對的綏靖主義者——如果你願意保衛自己的家人，而不願保衛我們的國家，例如國家對某種富饒資源的所有權——政府就認定這是錯誤的立場。推而廣之，對我國資源的威脅，也就是對我們生活的威脅，因此也會威脅你的家人，所以政府才號召你參戰，如果你拒絕就有可能被驅逐出境，或進入監獄。

你必須決定當國家以保衛祖國的名義號召你參戰時，你應該怎麼辦？一方面你認為殺人是錯誤的，你不想以任何方式介入；另一方面你也知道自己是社會的一員，當那些比你英明許多的人做出戰爭這個無奈的決定時，你必須支持。那些想要做出其他選擇的人們，在這兩者之間的分歧，主要是在道德、哲學、宗教、政治、技術等方面展開。

心地善良的人們認為，服從國家利益是正確的。我建議你對待戰爭要像對待我們平日的打架一樣。看看我們這個星球上的弊病是什麼，是國家要我們對付的敵人嗎？是我們的國家政策和生活方式嗎？是我們大多數人都贊同的戰爭是解決分歧的出路嗎？你對待這種弊病的態度就應該是你對戰爭的態度。

但是不要急於做出判斷或採取行動，我們要以更高的標準，建立新的秩序。這說來容易，但是戰爭總是我們人生經歷的一部分，暴力仍然是人性的一部分。我們堅持反戰高調，而暴力的旋風已至門口，我們抗爭的勝利也是虛假的。

當然也有人立場堅定，哪怕犧牲自己，也要堅持維護人類善良的本性。他們會容忍暴力的旋風在我們中間肆虐，堅信正義必將獲得最後勝利，而正義絕不會來自骨肉相殘。他們從長遠的角度看問題，知道我們作的短期決定會影響將來。他們為了建造一個沒有戰爭的世界，寧願做出犧牲，哪怕是自己或那些他們熱愛的人之生命也在所不惜。

如果你可以明確誠實地說，你也是這些空想家中的一員，你的選擇就是正確的。你是一個和平主義者，你堅持更高層次的秩序，哪怕這意味著死亡和短期利益的喪失。偉人們都堅持了這個立場。但當你決定接受這個立場時，先問問自己：我會不顧親人的生死嗎？我的立場那麼堅定嗎？

在另一方面，如果你相信我們國家宣布的任何戰爭都是正義的，因為儘管我們的國家不是完美無瑕，也是受世人尊敬的，你就是一個忠誠的愛國者，可以隨時為國家而戰。偉大的人們都已經這樣做了，很多人命喪他鄉，荒蕪的戰場廢墟上到處是無名戰士的墓碑。

但是要先問問自己：我願意拋家棄子，為國捐軀——目的是為國家爭奪更廉價的汽油，或取得某種資源嗎？我對國家利益的承諾真的那麼堅定嗎？我願意追隨一個陷入復仇狂熱，而別無其他目的就進行戰爭的國家嗎？我願意為了維護我國政府的某種抽象的道義，就去殘殺另外一個父親的兒子嗎？

如果你的答案是否定的，你就陷入進退兩難的冏境，必須判斷這場戰爭是否正義。怎樣判斷呢？你的政府會極力向你證明戰爭的正確性，還會對你威逼利誘。它會對你動之以情、曉之以理，唯一的目的就是使你追隨它所選擇的道路。你將會變成一個犧牲品，然後就是屍橫遍野。這種情況發生時，你必須反省自問，必須尋找最明智的忠告，這又來自於你對各種意見的最充分之思考和判斷。學著尋找真理，然後要堅持真理。

如果這意味著戰爭，就讓它正直體面地發生吧；如果這意味著抵制，你也要有勇氣去做到。不論你做何種選擇，後果都是嚴峻的。因為不論過去還是將來，戰爭都意味著瘋狂。你生活在戰爭降臨的時代，既無法選擇也無法逃開，只有勇敢地接受它。你要站穩立場，也要尊敬那些立場堅定的人們。當戰爭結束後（它總會結束的），你們又成為兄弟姐妹，要團結起來，將世界傳到下一代手中。

約翰，只有當邪惡如此猖獗，你決定不惜孩子的生命時，你就應該投入戰爭了。否則，你應該把手指向和平的方向。**和平對每個商人來說皆是至關重要，只有在一個公正、公開、公平的和平環境中，利潤才能得到法律的保證。**

希望你做出正確的判斷。

愛你的父親

第三十二封信：克服商業衝動

人應該用全部的熱情去追求他需要的東西，但擁有太多是不可能的；只有一隻手錶的人知道現在是什麼時間，而擁有兩隻手錶的人永遠不能確定。

親愛的小約翰：

我結束了勞累的商業旅行於近日回到家裡，感覺很舒服。我喜歡遊覽世界，但是沒有任何地方比「家，甜蜜的家」更加吸引我。正如每次回來時一樣，我回到家裡稍事休息之後，就開始寫信給你以瞭解我離開的這段時間裡公司的情況。當接到你收購賽姆斯石油公司的提案時，我意識到重大事件發生了。這是你第一次向我提出這麼冒險的建議，我很想知道你究竟有什麼打算。

毋庸置疑，收購一家公司是一件振奮人心的喜事。但是在歷經艱辛後，現在我懂得要萬分認真地去對待每一次的獲取，就像人在經過雷區時要小心翼翼一樣，否則你就會遭受失敗。人應該用全部的熱情去追求他需要的東西，但擁有太多是不可能的。**只有一隻手錶的人知道現在是什麼時間，而擁有兩隻手錶的人永遠不能確定。**

你所說的收購這家公司的主要理由，似乎都圍繞著這個事實：這將使我們成為石油業最大的公司之一。這當然是一個很好的目標，也是我在整個商業生涯中始終追求的。但是，確定目標是一回事，鋪設一條正確的、能夠引領我們到達這個目標的道路是另一回事。

我注意到你在計畫中僅僅把投入大量資金作為實現目的的手段，這似乎缺乏對相關成本的估計，只是很有限地考慮了要收購的公司同我們業務的匹配程度，實際上沒有考慮到它需要什麼樣的管理，也幾乎沒有考察其產品的市場競爭力，而且根本就沒有回答這個問題：那家公司的所有者想要將它賣給什麼樣的人？這讓我懷疑你要投入的大量資金，才是他們最大的動機。你是否對於透過逐年穩步增長、有計畫地把我們的公司發展成為市場上最強大的公司失去了耐心，而想在一夜之間擴大規模？

你還沒有完成我剛才提到的那些問題，所以我們的銀行經理和我一樣，無法對你的計畫書做進一步研究。他說他不能同意你所提交的計畫，因為那將花費大量的資金。被銀行經理拒絕通常會使我們很煩惱，因為在這種情況下，他們總是像權威的上帝一樣，對我們的計畫書發表評論。不止一次，當我被銀行經理拒絕後，當走出他的辦公室時，總會感覺自己很愚蠢。但是，當我冷靜下來，認識到我被拒絕是因為自己對問題不正確的評估，或者是因為我忽視了對一些重要因素的分析，抑或者是我沒有足夠仔細、全面、有說服力地準備我的方案時，我確實真正感受到了自己的愚蠢。這也使我進入了下一個階段：尊重並且重視銀行經理的經驗和建議。

我想，你現在肯定也像我年輕的時候一樣，一想到銀行經理拒絕了你的想法時，就會很苦惱。所以當我聽說你隨後就帶著自己的計畫書，找到了另一個銀行經理的情況後，我一點也不奇怪。發現銀行間的相互競爭能給予我們支援是正確的，但是為盲目的惱怒、假想的侮辱和受到打擊的自負，而尋找理由則是不正確的。如果你在這種情況下意氣用事，我們就會得到兩個最令人不滿意的結果：一次失敗的收購；與我有十年資金交易的銀行經理從此疏遠我們。所以，我們還是應該冷靜一下，退一步來重新審視我們的計畫。

不可否認，你購買這家公司的計畫具有可取之處，但是關於購買所做的任何評估，都應該建立在冷靜、非情緒化的邏輯分析基礎上；要仔細、實際地評估前面提到的那些不同方面，以及那家公司同我們目前的運作是否匹配。

你很清楚，擴大經營是有風險的。有很多不幸的人，他們本來建立了良好的企業，但最終卻失去了它，或者眼睜睜地看著它逐步衰退，其原因就是他們在這個過程中，讓情緒受到自負和貪婪的指引，甚至超越了理性的思考。他們通常是由於感情用事，而解僱了優秀的員工；與供應商發生爭執；不恰當地提拔員工；在新領域中投資失敗；放棄難以應付的客戶，這些都是主要由情緒導致的商業失誤。如果我為每個由百分之九十的情緒因素，加上百分之十的冷靜的商業邏輯共同決定的商業行為打賭，我將是城裡最富有的人。

有時候，將情緒排除於商業決策之外是一件很困難的事，但是我們必須有意識地抵制衝動的情緒，特別是在進行決策的時候，要快速地行動，但是不要採取危險的解決問題之方式。要事先問問自己：「這有商業價值嗎？我這麼做主要是不是為了情感上的滿足？」當你不再需要問自己這些問題的時候，你就成為一個理性的管理者。

透過經驗的累積，你將知道商場上會不斷地發生重大事件，它們會使你的情緒在進行決策的時候，時而高昂、時而低落。透過把情緒波動控制在一定的範圍內，你將會顯著地增加成功的機會。

我建議你現在就到辦公桌前，以實事求是的態度深入地分析你草擬的收購計畫，然後你可能想再次拜訪我們的銀行經理。這些努力是否會使我們最終以合理的價格購買這家公司？我想，你要小心你的情緒會隨著這麼愉快的事情衝動起來。

愛你的父親

第三十三封信：合作之道

一個人如果和同伴的步調不一致，也許是因為他聽到了不一樣的鼓點，就讓他跟著自己聽到的音樂走吧，不管這首音樂有什麼樣的韻律，或是多麼的遙遠。

親愛的小約翰：

你最近為你的股東與你意見不合而苦惱，其實這種情況以前我也經常遇到。不同的人就有不同的意見，這是考驗你的領導能力的時候，你可千萬不能退縮。一個人如果和同伴的步調不一致，也許是因為他聽到了不一樣的鼓點，就讓他跟著自己聽到的音樂走吧，不管這首音樂有什麼樣的韻律，或是多麼的遙遠。

的確，由於公司結構的錯綜複雜，合夥人之間是否能團結合作顯得尤為重要。我當時對標準石油公司的所有權也未超過三分之一，因此我也很需要別人的合作。在創建了如此龐大的石油帝國之後，我一直在不斷地提醒自己，必須與企業融為一體，所以我不喜歡說「我」，除非是開玩笑，在談到標準石油公司時，我更喜歡使用第一人稱複數。不要說我應該做這、做那，要說我們應該做什麼。千萬別忘了我們是合作夥伴，無論做什麼事都為了我們所有人的共同利益。

要做到維繫公司的團結統一，首先要學會管理不同的助手，調動他們的積極性。這一點，我認為自己做得還不錯。我認為截至目前我所取得的成功，有很大原因是我信賴別人，並能使別人也信賴我。比如說拿破崙，如果他沒有手下那些優秀的將領，他是不可能獲得輝煌勝利的。

企業管理也是一樣。我絕對不會獨斷專橫地行事，總是盡量把職權迅速交給手下，自己只是在適當的時候以平和的態度過問一下，而不會讓下屬感到他們的工作受干涉。與那種強制性的決策相比，我更願意以一種潛移默化的方式，把我的意志傳達給公司上下。尤其在開會時，我常常能感受到我對大家有一種作用：我越不說話，越有威信。我就經常運用這種作用，也可以藉此不必受一些瑣碎小事的干擾。

其次，我極其重視公司內部的和諧，常常在爭執不下的部門首腦之間進行調解。我總是不多說話，盡量在聽完大家的意見後才表達自己的看法，而且經常做出折中的方案，以維護團結。我一般總是謹慎地將自己的決定，以建議或提問的方式表達出來——從早年起即如此。我每天都和你的威廉叔叔，以及哈克尼斯、弗拉格勒和佩思等人一邊吃午飯，一邊討論問題。儘管公司不斷擴大，我仍然在大家意見一致後才行事，絕對不在董事會成員反對的情況下採取重大行動。

也正由於所有的想法都必須通過那些有主見的人一致同意這一關，所以標準石油公司很少有重大的失誤。我們在行動之前一定要確保正確無誤，而且事先安排好因應各種情況的應急準備。

當然，在這麼多人組成的公司中，難免有意見不一致的時候。雖然我和查爾斯・普拉特、亨利・羅傑斯或者其他什麼人不時會有爭執發生，但是我可以驕傲地說，我們公司裡絕沒有那種氣急敗壞的紛爭，和上下級之間的嫉妒，而這兩者通常都是由巨大的權力引起的。我一直強調，董事們——那些由公司關係綁在一起的昔日對手——是出於一種近乎神秘的信仰，而走到一起的。

在我看來，董事們對彼此的信任說明了他們團結一心，同時證明了他們道德高尚——心術不正的傢伙，不可能像標準石油公司的人那樣團結得如此長久。領導權的連續性，使那些愛四處窺探的記者和政府調查人員無功而返，他們是不可能從控制著這個石油帝國的志同道合者的堅固陣營中找到突破口的。

當然，我重視團結和諧不表示我排斥反對意見。**實際上，我更喜歡那些直言不諱、敢於指出問題的同事，討厭那些浮華虛偽、只會拍馬屁的軟骨頭。**只要人們提的意見不是出於個人利益，即使逆耳，我也樂於接受。如果沒有這種胸襟和氣魄，我們也不可能取得今日的成績。

儘管面臨諸多法律障礙，我們仍然可以將許多截然不同的公司融合成天衣無縫的整體。透過我們的努力，一個原本可能笨拙無比的機構，變成有效的工具。標準石油公司在工業規劃和大規模生產方面處於領先地位，採用了原本在這個純粹自由競爭的階段可能取得的規模經濟。近幾年來，我們這個托拉斯組織在提高煤油品質、開發副產品、削減包裝和運輸成本，以及全球分銷石油製品方面取得了令人矚目的成績。

因此，誰也不能否認我們如今在企業的管理和體制建立上取得了非凡成績。從我個人角度而言，對這樣的情況我深感自豪，因為這其中畢竟有我不可忽視，甚至可以說功不可沒的付出和辛苦。當然，平時我也不會太刻意流露這些，但人們也很清楚我在公司的影響力。當我的同事們忙於瘋狂購買豪華住宅和歐洲藝術品的時候，我不以為然，我要把錢用到更有意義的地方。只要有董事肯賣股票，我都樂於購買。說一句玩笑話，有時候我簡直就像他們倒垃圾的對象。這使得我持有的股份數目之多無人可比，自然也為我在發表意見時增加了力度。

雖然持股數目巨大，但我絕不讓自己為此而得意忘形，我想更重要的還是我的個人魅力，它會對同事及下屬產生巨大的作用。我平常待人從不過分親熱，也不粗暴魯莽，更不會輕浮無禮，我在磨煉自己擁有一種政治家般的鎮靜。在層級較低的員工面前我也會注意舉止得體、態度平易近人，聽到他們發牢騷也不發怒。每個員工每年都有一次面見執行委員會的機會，為自己爭取加薪。在這種場合，我總是盡量做到令人感到愉快。如果羅傑斯生硬地說他已經聽夠了，拒絕給他們加薪時，我會勸他：「噢，給他一次機會吧！」

最後，我想，我還是一個堅持到底、絕不半途而廢的人。我常常會去試著解決那些遠遠超出我自身能力的問題，在問題面前，我會深思熟慮，而一旦想好就會採取行動，堅決執行。誰也不能阻攔我把堅定的信念作為目標，像箭一樣飛出去，絕不回頭。因為我相信，有上帝助我，我一定會達到目標的！

孩子，我也同樣相信，你一定會比我做得更好。這個世界上，一個人的力量是有限的，但是你可以做個領導者，帶領一批人一起致富。努力吧，你肯定會是一個卓越的商界領袖。

愛你的父親

第三十四封信：穩健的投資法則

你永遠不會後悔：三思而後行、先聽後判斷、誠實經商、思先於言、捍衛自己的信條、淨化自己的思想。

親愛的小約翰：

你上次來我這裡吃晚飯時，向我提出賣掉德克薩斯煉油廠的想法，理由是不能讓一家小小的、不能取得效率的企業拖公司的後腿。我當時沒有表態，因為我不想打擊你的這種魄力。可是，如果你靜下心來仔細想想，這種做法的確有不妥的地方。

你走之後，我沉思於這件事情之中。雖然你來找我是為了說服銀行方面的事情，但在我看來，正在虧損的企業是很難賣掉的，而且度過了這次難關以後，德克薩斯煉油廠是極有希望在極短時間內重新獲利的。何況，管理多樣的企業在實務界是很好的保險，即使出現了經營不善的企業，其他企業也可以施以援手，但如果只有一家企業，就前途未卜了。此外，德克薩斯煉油廠由於設備特殊，它事實上是壟斷市場的，無論如何，公司擁有龐大的不動產，就等於買了保險。因此說一句不好聽的話，即使收益下降了，公司不動產的資產價值也是很大的。

約翰，以下是我在做出重大決定時的思路——這麼做你永遠不會後悔：三思而後行、先聽後判斷、誠實經商、思先於言、捍衛自己的信條、淨化自己的思想。我的經營哲學之基石，一直是「不要把所有的雞蛋放在一個籃子裡」。

當與我們的事業有關聯的、投資某類企業之機會出現時，我會馬上思考兩點：其一，為嘗試這個新產業的資金準備是否充分？第二，我們可否確保為實行這個經營所需的必要的、能幹的、富有經驗的人才？後者是遵照以下的原則，即公司應以人為中心而建立，而不是以公司為中心將人召集在一起。如果這兩個問題有肯定的答案，接下來我就會考慮銷售、流通、競爭以及其他方面的常識性問題。所以，我總是喜歡把資金化整為零，向各方面進行投資。在擁有公司的同時，向不同的方面投資，使之不受同一個風險要素之影響和支配。

記得我在事業開始的初期，曾經為公司的脆弱、每週破產的公司之數目而震驚，進而勉勵自己展開綜合的經營。事業持續發展得越長久，多種經營的進程就推進得越快。我自以為比誰都忠於這個鐵律，因為現在我擁有的不是一家公司，而是多家不同的公司。也許有人會這樣認為：如果我只停留在最初的公司上，只為促使它的成長而努力，從整體上而言，將比我們現今的事業發展得更為波瀾壯闊。可是我個人從不這樣認為，因為我喜歡綜合經營多家公司所帶來的安全性、可靠性。即使一家公司失敗，靠其他的公司也足可保證家族的生活，也就是這麼一種放心感。

我受綜合經營的吸引，理由有二：首先，由於我過去一貧如洗，為了不再重蹈覆轍，自然產生了一種守成護身傾向。為有備於最初的事業失敗，而擁有第二種事業，就成為一種合理的想法。事業的成長，尤其是我們這個行業，非常耗費時力。僅僅經營一個公司，一天只需運用自己的能力兩、三個小時，不僅花不到我所期望的十個小時，連八小時都達不到。由於我的工作內容大部分都是重複進行的，所以我開始聘用很多能幹的人才，投入其他的事業。

由於新的產業與我們已經從事的產業有共通的一面，所以我不覺得這是進行一項大賭博。這與橫向的擴展、縱向的擴展均沒有關係，其基本原理就是：「新的鞋子都有試穿一下的必要。」

多種經營並非是從賴以生存的基礎產業中逃逸出來，它同時意味著去收購其他公司或主要的原料提供者，為主要產品系列錦上添花。如果我們投身於飛艇、畫框、家具、汽車用品、小型銷售等行業，無疑是欠考慮、輕率疏忽的。這些均是完全不同的領域，其結果只會是自掘墳墓。

在較為熟悉的領域中投資，是獲得經濟上的保證之基本原則。但與此同時，必須注意絕不可在一個較狹窄的領域裡投下全部財產。世界經濟在不斷變化，即使是最有希望的賭博，有時也會以慘敗告終。

我們常見的錯誤是，某種方法既然其他人都獲大利，自己也會如此的這種想法。一心以為自己與其他人一樣聰明，常常會釀成經濟上的慘敗。飛奔撲入一個新的賺錢競技場裡，讓等待已久的大鱷們吞噬一空的例子實在是太多了。

因此我認為，從其他幾個公司調撥出一筆款項，真的會讓德克薩斯煉油廠有再次重生的機會。憑我的直覺，勝利女神總是在各家公司之間徘徊，因此如果有很多家公司，其中或許會有幾家獲得不小的成功，但不是全部都會獲得成功。迄今為止，我們的事業也是這樣發展的，感謝上帝，這個勝利除了彌補其他公司所受的微小損失，補償它們總是難以增長的效益以外，還獲利匪淺。

不過，擁有多家公司的人，都比較容易會陷入所謂「過分自信」之中，因為每個人都希望自己是商界天才，從事任何產業都會成功，企業都會健康成長；但我敢斷言，最初在某一項事業上取得成功，不等於其他的事業都會成功，潛力儲備這個概念是必須掌握的。所謂「潛力儲備」是指，企業著眼於持續發展與環境適應，而有計畫進行的企業實力和企業能力的沉澱。**「潛力儲備」是一種戰略性的經營決策思想觀念，具有鮮明的時空變化之特點，是經營觀念更新的產物。**

世人對企業「挖掘潛力」談得很多，而挖掘潛力的前提條件是企業「有潛力」。因此，「潛力儲備」更帶有實質性。

首先，提出「潛力儲備」，正是對人們喊了好多年的「挖掘潛力」內涵之認識的演化和拓展。實際上，挖掘潛力的積極結果，已經促進企業的高效率運轉。明確提出「潛力儲備」的概念，並且把它作為企業家的一種重要的觀念產物，其重要作用就在於使企業長遠地有潛力可挖，進而保證企業持續穩定地高效率運轉。

其次，儲備潛力能保證企業有活力、有深度。這一點很容易理解，一個企業儲備了足夠的潛力，承受外界環境變化和市場競爭風險的能力就增強了。同時，企業儲備了足夠的潛力，可以從容地、按部就班地進行技術更新或產品開發。可見，積極地儲備潛力，也是企業擴大內涵，進行再生產的必要條件。

第三，儲備潛力符合管理學的「彈性原則」。彈性原則是管理學中一條重要原則，說的是留有餘地應對外界變化的要求。人們都知道，企業的競爭因素繁多，有確定性的，也有隨機性的；有可控的，也有不可控的。這就要求企業隨時要有防範的準備和應變的能力，而潛力儲備本身就是一種防範和應變，它可以使企業「以豐補歉」，可以幫助企業度過難關。「彈性原則」實質上是要企業有足夠的實力，而在一定意義上說，企業實力等同於企業潛力的綜合儲備。

最後，企業經營者要擺脫傳統的消極被動守成觀念，要主動到市場中去捕捉企業現在和將來發展的機會。為了更好地尋找和利用機會，企業必須從內部到外部，及早準備物資、技術、資金和人事、社會等各方面的條件，即做好潛力儲備。所以，儲備潛力是企業經營者創新觀念的必然產物。潛力儲備不是立足於內、眼睛向內而得過且過的被動思想，它是立足於內而著眼於外、立足於目前而著眼於長遠的開拓創新觀念，因此是應該重視和提倡的。

在我從事多種經營的過程中，一直抱持盡量縮減經費，可能會隨時退出的心理準備。我對事業上的挫折，總是抱有很深切的厭惡感。也許你會說我是膽小怕事，但是公司一旦出現大的損失，在初期就要馬上削減所有的經費。工作是很單純的，即從損益統計表的最大項目開始，盡一切可能，削減所有的經費，或者乾脆取消。通常這樣會使經營規模縮小，但是歷經再一次的編組，其累贅部分會減少，競爭力會增強，便可東山再起。這一點都毫無指望時，要嘛將它賣出，要嘛將其關閉。

在謀劃多種經營時，我還謹守另一個重要原則：不是去購買公司，而是購進瞭解公司經營方法、才能傑出的人才。

因此，在賣出公司的問題上，我可以說是不支持你的。你是否再認真考慮一下？

愛你的父親

第三十五封信：攀登頂峰

偉大人物所達到和保持的高度，並非是心血來潮一蹴而就，而是在晚上當同伴們都入睡的時候，他們正努力向上攀登。

親愛的小約翰：

作為你的父親和雇主，我一直不想干涉你的生活，但對於你最近的這個重大決定，我還是要說說自己的看法。

我們公司的總裁已經宣布將在六個月內退休，我不太理解你為什麼要拒絕自己被提名為接替他的候選人之一。

為了取得今天的職位，你付出了艱苦的努力，有時候甚至連你的家人也為此承受了很大的壓力，你和你的妻子一起出色地克服這些困難。目前，你生活的各個方面都進展順利，你的管理才能受到大家的高度讚揚，為什麼在要到達頂峰的時候選擇放棄呢？

從你對此事簡短的談論中，我感覺到你的顧慮主要有三個方面：那份工作可能會佔用大量的時間；可能帶來很多麻煩；你覺得自己不能勝任。我懷疑這其中可能還有一些潛在的恐懼因素。

毫無疑問，就任公司總裁將是一個巨大的挑戰，但是你已經具備了接受這樣的挑戰的能力，你不應該對此有什麼新的憂慮。在這個職務中，要肩負的責任可能包括在更廣泛的層次上發揮你的能力，諸如要進行人事任命、負責組織性的工作、進行收益和損失的評估。

這些任務當中有哪些是你以前沒做過的呢？答案肯定是沒有。**我經常提醒你要記得梭羅的名言：「沒有什麼事比恐懼本身更可怕。」**現在讓我們集中討論你所說的，在上升的關鍵時刻撤退的三條主要理由。

它會佔用太多的時間。這條理由在我這裡是站不住腳的。以我從商三十五年的經驗來看，最好的總裁都是管理時間的專家。他們仔細地計算每一天、每一個星期、每一個月、每一年的時間，計畫怎樣才能最好地利用它們，以最大限度地發揮自己的天賦，滿足自己的需求和實現自己的目標。他們精通如何在工作和私人生活中分配時間，他們會與家人朋友共用快樂時光，還會去旅遊、參加慈善活動、體育鍛鍊、娛樂活動或者只是靜靜地思考。

這些優秀的企業家會從每週中抽出四天的時間全力投入工作，和員工、管理層、客戶、銀行、研究者、政府官員等進行密切的接觸，然後用第五天的時間對一週的工作進行仔細的回顧總結，並靜靜地有條不紊地計劃下一週或者下一個月的工作。那是用於思考的一天，對一個總裁來說，思考能帶來最大的回報。

如果總裁要花費大量的時間處理日常事物，特別是那些重複、耗時的工作，很有可能這些事情應該是交給其他人去做的。你已經掌握了高效管理時間的技巧，能夠在妻子、三個孩子、家庭、朋友和你的事業之間合理地分配時間。既然你現在可以解決好這個問題，我就找不到你當上總裁後反而做不好的理由，特別是你最小的孩子很快就要上高中了。

你的第二點顧慮是，這個工作可能會帶來很多麻煩。如果總裁的工作有很多麻煩，那多半是由於他沒有完全組織好自己的工作。麻煩是人造成的，解決麻煩的辦法也是人想出來的。你選擇的人越稱職，你所面對的麻煩就會越少，因為他們能夠承擔相應的責任並且最終完成工作。我們多次談到以人為本和團隊精神的重要性，這始終都是企業的基石。

毫無疑問，在商業環境中一定會遇到一些不必要的麻煩。過去幾年裡，你處理過很多問題，比如不明智的財政政策、奇怪的生產問題、因為總裁拒絕接受你的意見而不得不重複再三，這些問題都會影響到你們部門的士氣和效率。想一想，作為總裁，你就可以把這些問題在萌芽階段就消滅。永遠記住，不是瑣碎的麻煩，而是如何經營企業的挑戰，才是對你的勇氣的檢驗。

再來看看你的第三點顧慮，你認為自己沒有足夠的天賦來勝任這個職位。能夠實事求是地評價自己的能力是非常好的，但過低地評價自己與過高地評價自己都一樣是錯誤的。你的經歷、你的經驗都使你能夠勝任這個職位，在此基礎上，你會培養出作為一個優秀總裁所必備的遠見、領導才能和堅定的毅力。

遠見是指你希望你的公司在什麼時機向什麼方向發展；優秀的領導才能是指確定前進的路線，並且正確地選擇那些能夠幫助你實現目標的人；堅定的毅力是指無論中途遇到什麼樣的困難，都能夠一直堅持下去。

記住華盛頓所說的：「要勇敢挑戰強大的事物，贏得輝煌的勝利，即使遭遇失敗，也勝過那些沒有奮鬥精神的人。他們不會有太多痛苦，也不會享受太多喜悅，因為他們生活在沒有勝利，也沒有失敗的灰色世界裡。」

失敗了的總裁通常都不是很好的組織者，而你是；他們通常不善於溝通，而你擅長；他們經常找不到合適的重要員工和諮詢顧問，但你可以。此外，做一個總裁不意味著你要知道每一件事。你只需要知道怎樣合作，怎樣讓企業中的不同職能部門向著一個方向前進，以及快速地定位問題並解決它們。

所有這些你都已經知道了，而且目前你領導的這個部門當初如果不是由你來接手，現在也不會運轉得如此穩定。在我看來，坐上總裁的位置不會給你以往的工作帶來任何大的改變。這個椅子比你現在的要高一點，皮質要好一些，但我想你是能夠處理這些的！

我已經為你和你的妻子訂了兩張去海邊的機票，如果你能夠稍微離開一段時間，在寧靜的大自然中再次深入考慮你的這個重大決定，我將感到十分高興。

偉大人物所達到和保持的高度，並非是心血來潮一蹴而就的，他們常常是到了晚上當同伴們都入睡的時候，他們還在努力向上攀登。

鼓起勇氣吧，孩子！

愛你的父親

第三十六封信：不斷追求卓越

每個人心中都有一則好資訊，那就是無法預知自己能變得多麼偉大、能擁有多少愛心、能獲得多大的成功、具有多少的潛能。

親愛的小約翰：

這幾日我一直在咳嗽，我的身體一天比一天差，我知道我的日子已經不多了。我活得夠久了，上帝總有一天會把我召回去的。慶幸的是我能在有生之年親眼看到你繼承我的事業，並且把公司經營得這麼好。

約翰，越是在公司發展良好、規模不斷擴大時，越要注意公司組織內部的管理和外部市場動向。一個企業，尤其是規模像我們這樣龐大的一個大型企業，必須有一個秩序井然的管理制度，而且還要有一個清醒而智慧的大腦來執行。以前，我隨時會注意我的言行和部下們的舉止。每天早上九點一刻，我一定準時到公司上班。而且我認為，哪怕是為了與公司形象相符，每個人也一定要穿戴良好、儀表整潔，起碼我自己就是這樣做的。我為每間辦公室免費配備一套擦鞋用具，每天早上都請理髮師準時來為我修面。

說到時間觀念，首先我絕不遲到，因為誰都沒有權利無謂地佔用別人的時間；其次我喜歡設定時間表，按表來有計畫地做事情，我從不在瑣碎小事上浪費時間。每天我會固定地休息一會兒，約莫十點左右停下來，吃點餅乾、喝些牛奶，午飯後睡一會兒，也是為了恢復精力，使自己的體力和腦力調整到最佳狀態，畢竟總把每根神經都繃得緊緊的不是一件好事。

在為人處世方面，我信奉沉默的力量。只有內心虛偽的人才會隨口亂講，對著記者喋喋不休，而謹慎的商人都會守口如瓶。**「成功來自多聽少說」**和**「只說不做的人，就像是長滿荒草的花園」是我最喜歡的兩則箴言**。我習慣多聽少說，而這也幫助我在競爭中獲得很大優勢，尤其是在談判中，我的沉默寡言常常使對手不知所措，胡亂猜測。當我生氣的時候，我覺得沉默更能達到擊倒對方的作用。

有一次，一位氣急敗壞的承包商闖進我的辦公室，對著我暴跳如雷、大喊大叫，我無動於衷地低頭伏在辦公桌上繼續工作，直到那個承包商筋疲力竭時才抬起頭來。這時，我靠在轉椅裡左右轉著，看著對方平靜地問道：「我沒聽清楚你剛才說了些什麼。你能再說一遍嗎？」當時那承包商就如同洩了氣的皮球，再也鼓不起來了。

每個接觸過我的人，都對我有一個印象，就是我這種不同一般的沉著冷靜。我敢與任何一個人打賭：無論他現在說出或做出什麼讓人無法容忍的事情，也絕不可能看到我會有絲毫的衝動。

要知道，我的脈搏每分鐘只有五十二次！比一般人低得多。我從不會對我的員工發脾氣，也不會大吼大叫，更別提什麼污言穢語或做出什麼不文雅的事情來。即使是他們犯了錯誤該受到處罰，我也會覺得於心不忍。甚至對於那些貪污的下屬，我也只是把他解僱了，很難做到把他送上法庭。

除此之外，在對待員工方面，我一向非常用心和注意。我認為員工對公司是非常重要的。在公司發展初期，我總是親自參加員工的招聘，而當公司規模擴大到人數已超過三千人時，我不可能直接參與招聘了。但我只要發現優秀人才，就會想盡辦法將其招至麾下，即使當時看來不是很需要。我尤其欣賞那些社交能力出眾的管理人員，我一直以為，與人交往的能力就像咖啡和糖一樣，是可以買到的商品，而且我為這種能力付的錢，比買世上任何其他東西付的錢都要多。

我還喜歡鼓勵員工直接向我提建議或意見，並且關心他們的生活。我常常給那些生了病或已經退休的員工寫信，詢問他們的情況。

不謙虛地說，我在付員工薪資和退休金方面絕不吝嗇，甚至是慷慨。因為我付的報酬是高於同業平均水準的。為此，我可以驕傲地說，我相信我手下的員工們都比較尊重我，樂意在我的身邊努力工作。

我對他們的努力很少進行公開表揚，我的方法是透過微妙的暗示督促員工前進。首先，我會全面嚴格地考驗員工，一旦他得到了信任，就會被賦予極大的自主權；除非出了嚴重的疏漏，我一般不會干涉員工的工作。一般情況下，提拔員工最好的方法是——

當你相信他們具備必要的素質，並且覺得他們有能力勝任時——把他們帶到深水區，推進水裡，任他們自己努力，看是沉入水底或是游上岸，他們不會失敗的。

為了協調如此龐大機構的工作，我必須下放權力。標準石油公司的部分行為準則是，培養下屬自己為公司做事。我曾經對一名新員工介紹說：「有人告訴過你在這裡工作的規矩嗎？還沒有？是這樣：能讓別人去做的工作，就不要親自去做……你要盡快找到一個可以信任的人，培養他做你的工作，然後自己坐下來，動腦筋想想怎樣才能讓公司多賺些錢。」我自己就是在身體力行地貫徹這個原則，並且也正是透過這個方法，使自己從繁瑣的日常行政管理工作中脫出身來，把更多的時間和精力用於宏觀決策上。

我一直認為，我在技術上並非一個革新者，我負責掌握的主要是制定公司的政策和理論基礎。作為一個管理者，我每天都要面對如潮水般的意見和事情，並在各種選擇前以非同一般的反應能力來做出判斷。幫助我做出選擇判斷的，我認為很大程度上是我身上那種出眾的數學才能。

正是透過處理大量的資料，我才能掌控管理好我這個權力分散的石油王國。我以一種看不見的力量控制著整個公司，這個力量就是我的分類帳本。從十六歲那份記帳員的工作開始，我就喜歡標準化，標準化也極大地幫助了我，使我把複雜多樣的系統得以簡化成一個通用的標準。以此標準我能夠衡量、檢驗千里之外的旗下機構之經營情況。

看到真實的情況，以這種方式，我在全公司推廣理性管理的思想：從公司最高機構到最底層，每一項成本計算都精確到小數點後幾位。

儘管我們的公司已經取得非凡的成績，但是我不認為它已經臻於完善。在我看來，每個公司、每家工廠都可以永無止境地予以改進，我一直力圖在公司內部營造一種不斷追求完美的氛圍。公司運作的規模越大，越是要關注細節問題。儘管在有些人眼中這看來有些不合常理，但是如果在一個地方節省一分錢，就可能在全公司節省上千倍於這個數目的錢。

有一年，我視察了一家位於紐約市的標準石油公司旗下工廠。這家工廠負責灌裝五加侖一桶的煤油，密封後銷往國外。

我觀察了一台機器為油桶焊蓋的過程後，問一位駐廠專家：「封一個油桶用幾滴焊錫？」

「四十滴」那位專家答道。

「試過用三十八滴沒有？」

「沒有？那就試試用三十八滴焊幾桶，然後告訴我結果，好嗎？」

結果是，用三十八滴錫焊的油桶中，有一小部分會漏油——但是用三十九滴焊錫的油桶不會出現這種情況。從那之後，三十九滴焊錫便成為標準石油公司旗下所有煉油廠實行的新標準。這節省下來的一滴焊錫，僅僅一年就可為公司節省兩萬五千美元！

像這樣的情況其實還有很多，比如，我們可以在保持油桶強度的前提下，逐步減少桶板的長度，降低桶箍的寬度。但是，我不是一味只圖省錢，只是為了使公司的營運達到一種更完善的程度。出於此目的，我堅持要求公司建立穩固結實的工廠設備，來降低維修費用，儘管這樣做會造成較高的初始成本，我還盡量充分運用從原油中提煉出來的各種成分。

公司成立的最初兩年，主要是經營煤油和石腦油。後來，在一八七四年，公司擴大了業務範圍，開始生產其他石油副產品，經營做口香糖用的石蠟和築路用的石油瀝青。不久，公司又開始生產鐵路和機器用的潤滑油，以及蠟燭、染料、油漆和工業用酸。今年，我們併購了紐澤西州的切斯布勞製造公司，以增強我們生產的凡士林之銷量。

可以說，在不斷追求完善的道路上，我們一直沒有停下過腳步。今後，這也仍然是我們堅持不懈，並且要在公司內部貫徹到底的目標和信念之一。**事實上，每個人心中都有一則好資訊，那就是無法預知自己能變得多麼偉大、能擁有多少愛心、能獲得多大的成功、具有多少的潛能。**

愛你的父親

第三十七封信：善待此生

人一生中只有三件大事：出生、活著和死亡。人只有到死亡時才知道什麼是生命：人的一生中是死亡使生命開始，並且賦予它一切的意義。

親愛的小約翰：

這是一個非常不幸的消息，你的安德魯斯叔叔死了。今天上午十點，瑪麗打電話來說他死於心肌梗塞。真是不幸！於是，我的眼前不斷地浮現安德魯斯的樣子：他的面孔崎嶇不平，好像是花崗岩絕壁，而且正如太陽照在絕壁之上，他的臉龐會發出光彩，他的一切都是那麼美好，但現在卻都一去不復返了。

早年他和我一樣，都是白手起家，而他生前的事業也相當龐大，是我最早的合作夥伴之一，之後我們就成為很好的朋友。我和他的集團在業務上有千絲萬縷的聯繫，記得一個月前我們還在一起釣魚。他是不是也給你留下了深刻的印象？他教育過你應有堅強的性格，有一次他教你打棒球，曾經對你說：你唯一應該記住的，就是不管受到什麼打擊都絕不應該倒下。你還記得嗎？

現在，因為他的心臟，致命的心肌梗塞，就使得他這樣倒下了，世事果真無常啊！由此可見，擁有健康的身體是多麼重要。人的生命應該依附於身體，藉此才能展現人生中多姿多彩的一面。人們在青春年少時，就應該為自己的健康負責。人們都認為自己有一個健康的身體是天理使然，因此虐待它，過度操勞，傷害它、粗暴地對待它，就成為人之常態。或許我們無法理解仁慈的主將我們創造得何其纖塵不染、精緻無比，而我們對此卻不心存感激。

可能現代人所受的太大壓力是身體健康狀況不好的原因。大家都瞭解這樣一個事實，人們生活在一個充滿緊張氣氛的世界裡，不安的因素環繞在我們身邊，城市中各種機器音響給人們造成一種緊張，人們的臉上隨處呈現著緊張，緊張已經完全深入人們的生活、工作中。壓力，也無時無刻不存在於人們的腦海之中，揮之不去。

誠然，壓力是當今社會的常用語，它涵蓋的內容是從有了人類以來，就存在於我們日常生活中的一大要素。人們可能容易將壓力想像成什麼新奇的東西，住在洞穴中的那些祖先、那些原始人，在用棍棒捕殺大型獵物時，就感受過高度的精神緊張，並且一直延續到今天。祖先的生存環境中，由於生產力的低下，根本無法保證溫飽，在他們即將餓死的時候，也不難感受到神經的崩潰。

安德魯斯的去世，讓我想到了很多，但我認為不論是誰，都要常保身心的和諧，善待自己的一生，愛家人和朋友，知道其可貴之處。我們往往在瀕死之時，才明白可愛的東西是如何地可愛，事前就已經明白這一點的人是幸運的——天堂是如此的美好。人一生中只有三件大事：出生、活著和死亡；人只有到死亡時才知道什麼是生命：人的一生中是死亡使生命開始，並且賦予它一切的意義。

在保持健康方面，我做得就很不錯。我平時很注重鍛鍊自己的身體，打高爾夫是我最大的嗜好，天天都在波坎蒂科打高爾夫球。前幾天剛下了一場大雪後，在清晨時我打電話約伊萊亞斯・詹森進行雙打比賽，他很驚訝地說下雪了無法比賽，但事實上當時正有一群工人用馬拉著掃雪機，一絲不苟地清除著五條平坦球道上的雪，並鋪上綠草。

那次我們玩得開心極了，儘管那天氣溫為零下二十度，但這種冷冽的天氣對我的健康有利。為了不使球友們受凍，我送他們我特有的禮物——紙背心。在波坎蒂科我聘僱了一群人專門負責維持綠地清潔，他們常常一大早就出門用特製的剪草機碾壓，再用竹竿打掉草上的露水。儘管這項開支巨大，但我認為對我的健康很重要。

事實上，步入中年以後，我向來良好的健康就開始走下坡了。我的食量變得越來越小，被戲稱為「小鳥的食量」。我每天只吃些牛奶和麥片，仍不斷地發胖，而且渾身長疹子，失眠。醫生診斷說我患了嚴重的消化功能紊亂症，必須停止操勞。我不得不在床上躺了一段時間。有一段時間，我的私人醫生德克達・史托夫每個星期都到百老匯大街二十六號為我治病。

四年前，由於消化功能的紊亂併發了脫髮症，我的頭髮開始脫落，之後連眉毛也掉了。為遮蓋光禿的頭部，我常戴頂黑帽。後來又換上了一種特製的、很自然的假髮套。

但到了今年，連我的鬍子也開始脫落；到八月，我身上所有的毛幾乎都脫光了。

我外表的變化十分驚人，突然之間，我變得又老又胖、彎腰駝背——幾乎快讓人認不出來了。我像是老了好幾十歲，沒了毛髮，皮膚乾燥得像羊皮紙一樣，嘴唇顯得太薄，頭顯得太大，而且凹凸不平。開始脫髮後不久，我去參加約翰・皮爾龐特・摩根舉辦的一場晚宴，我坐在滿臉困惑的美國鋼鐵公司新任總裁查爾斯・施瓦布旁邊。「我知道你認不出我來了，查理，」我對他說，「我是洛克菲勒先生。」

你知道嗎，約翰？二十多年前的那次心臟手術，在我的一生中留下了相當大的影響。記得那天下午，我在醫生的辦公室裡知道了一週前進行的每年一度的例行檢查之結果，我被診斷患有狹心症，即心臟的冠狀動脈閉塞症。可是我當時根本就不在意，那時我年僅四十多歲。

就在短短四天之後的傍晚，我正坐著閱讀報紙，突然極感不適，胸膛像被火燃燒一樣，全身直冒汗，簡直像是要燒起來似的。對我發生的症狀你媽媽受到不小驚嚇，立即請來醫生。

經過兩個小時的急救，我挺過來了，卻從此住進了加護病房。在等待進一步檢查的期間，我心裡出現過各種各樣的念頭。一想到要拋下你媽媽和年僅十三歲的依尼，還有十一歲的你而去，我便心如刀割。

我透過看書知道，不安和絕望無助於身體的恢復。這場戰鬥只會有兩個結果：死亡或者生存，我當然希望是後者。

在進行手術之前，我能記得的最後一句話是麻醉醫生說的：「現在要注射了。請從十開始倒數。十、九、八、七……」

接下來記得的是女護士對我說的話：「洛克菲勒先生，請您醒一醒。」像醫生所警告的那樣，我身上插著令人眼花撩亂的管子。你媽媽看見我的時候，一定很震驚。然而，我打贏了這一仗。

畢利醫生對我說，手術圓滿成功。兩個多月之後，我就坐著你媽媽駕駛的車子回家了。

我知道自己還活著，真是好極了。仍然擁有和家人一起度過的時間，以及享受這個世界上許多東西的美好時間，都讓我欣喜不已。曾經面對死亡卻沒有恐懼，也是值得高興的。

從這次經驗中，我得到了幾個重要的教訓：第一，感到不舒服的時候，一定要去看醫生。本來應該可以聽到有益的建議，卻不去向醫生求助，直至病症發展到連名醫也無計可施的狀態之人，實在是為數不少。

另一個重要的教訓是，我知道死亡的恐懼是可以克服的。我因為年輕氣盛，曾經數次瀕臨危險。然而，此次患病之前的災難，都在尚未明白發生了什麼之時，或者尚未發現有危險的時候，就結束了。

我想，距離我見上帝的日子越來越近了，在剩下的時間裡，我應該把更多的精力投入到我的慈善事業中，把上帝給我的財富與更多人分享。那次經歷給我的教訓，最深刻的就是明白了要永保身心的和諧，善待自己的一生，愛家人和朋友，知道其可貴之處，這恐怕是無可比擬的良藥吧！

我們往往在瀕死之時，才明白可愛的東西是如何地可愛，事前就已經明白這一點的人是幸運的。天堂是如此的美好，可是畢竟我去那裡還為時尚早。

愛你的父親

第三十八封信：貢獻，留給世界的財富

盡力去行善吧，用盡所有方法，在每一個可能的地方，盡可能多的時間裡，用全部坦誠向所有靈魂行善吧！

親愛的小約翰：

聽說你和安迪、華特，還有科比打算成立一個救助非洲貧困人口的基金會，你們四個人打算分別以各自的帳戶先捐一筆資金，作為基金會的活動經費，事後你們還要向社會各界募捐，號召有能力的人貢獻自己的一份力量。並且你已經向董事會提交了申請，打算每年從集團的營業收益中抽取一定的比例，作為基金會的活動儲備金。

這是一件好事啊，我支持你，約翰。盡力去行善吧，用盡所有方法，在每個可能的地方，盡可能多的時間裡，用全部坦誠向所有靈魂行善吧！我們集團的經營雖是為了賺錢，但賺錢不應該成為我們經營的唯一目的，我們應該學會貢獻，為這個社會、為其他人，貢獻一份我們應有的力量。

隨著年齡的增長，我知道為了在這個世界上生存，有不少人需要他人支援。非洲的貧困人口是絕對需要人們施以人道主義救助的。此外，社會上還有許多殘障、智能不足等弱勢群體需要我們去援助。

遺憾的是，許多人終其一生都不知道自己也有支援他人的力量，從未有過這種開心的體會，他們讓多麼開心的一刻溜走了！

約翰，謝謝你邀請我擔任榮譽理事長。我想，人生有兩件事可以當作目標，首先是得到你要的東西，然後與他人一同分享，而只有最明智的人才能做到第二點。到現在，我認為我的事業是成功的，我擁有了一定的金錢，我的集團規模也越做越大，但是我私下認為，真正的財富絕不僅僅是擁有金錢，它還包括健康、幸福、充裕、富庶、豐富、開心、學習、知道自己要什麼、機會、享受、平衡以及分享。

約翰，你知道嗎？在最近的這段時間，我總是被一些人搞得筋疲力竭。現在，全美國的人似乎有一半人口想用私刑來處死我這個老頭子，而另一半人則只想著向我乞求貸款。每天，我都會遭到一批記者、政治改革家以及對我恨之入骨的敵人之攻擊，同時又不得不被成群的馬屁精和覬覦我財產已久的陰謀家包圍。

也許，有時我是個很偏頗和固執的人，而且自己也越來越明顯地感到，自己或許越來越厭惡周圍的煩躁瑣事。他們，那些所有指責批評我的人，在我看來無非都是一些心存嫉妒的偽君子。最近的一篇新聞報導，把我標榜為美國首富，竟號稱我的個人淨資產價值一億五千萬美元；同時另有一篇文章，算出了我每小時能賺到七百五十美元，真是不可思議！但是，每次只要這樣的新聞報導一出現，成群的乞討者就會蜂擁而至。

看來，如今頌揚性文章在許多方面要比反面宣傳更加讓人氣惱。現在，我無論走到哪裡，身後都會尾隨著一小群請願者。他們常常像野獸般追趕著我，悄悄地接近並加以騷擾，經常在大街上搞得我驚慌失措。

其實，我不是一個吝嗇的人，而且也非常樂於從事一些有意義的慈善事業，但是我真的受不了這些無止境的騷擾。不論是在家裡、餐桌旁，還是在教堂的走道、辦公室裡或是其他任何一個地方，我都擺脫不了人們持續不斷的請求。乞求者與我共進早餐，一同上下班，一起吃晚飯，然後和我一起到我的私人書房。那些希望我幫他們做好事的人，好像結夥似地來找我，他們甚至帶著行李打算和我一塊兒住，我真的是感到近乎絕望和悲哀了。

同時，堆得像山似的信件從世界各地滾滾而來，僅僅一艘輪船就從歐洲帶來了五千封乞討信。在我宣布要提供一大筆教育捐款以後，一個星期之內竟然收到了一萬五千封來信，到月底又增加到五萬封。於是，我不得不派一批人來專門處理這些請求信，讓他們先幫我分清楚哪些是真正需要幫助的，哪些是不合理的。然而，我總是悲哀地發現，這些來信的大部分要求純粹出於私心，通篇除了一句筆者拿到錢以後會很滿足之外，再也沒有任何其他請求的理由。

而且，這些乞討者的信件，很多甚至都是文法不通，帶著外國人的腔調用鉛筆草草寫成。他們寫信的方式，竟然就像小孩向上帝祈禱禮物一樣。記得前幾天的一封信中，一位心神不寧的婦女告訴我，她希望能夠用與上帝交談的方式見到我，並且和我說話，可是這似乎更難做到。另一位婦女向我告白說：「昨天晚上，我因為焦慮不安而難以入睡，當我躺在床上請求上帝拯救我的時候，您出現了，這情景我怎麼也忘不了。」

這真是太可怕了。我突然發現，我遇到了一個在生意場上從未碰到過、令我筋疲力竭的個人危機。看來，巨大的財富也是巨大的負擔和巨大的責任，它只會帶來兩種後果——不是巨大的好處，就是巨大的災難。

其實，早在一八八二年，我就曾經向愛德華・賈德森牧師哀歎過，告訴他這些慈善性請求讓我窮於應付，而且其中很多是來自各浸禮會教堂。但一切都無濟於事，而且我發現，隨著我收入的增加，這些請求也越來越多，當然我的捐款數額也漸漸大了起來。

但是，我的許多捐款都是零碎支付的，沒有真正地發揮太大的作用，也沒有什麼大項目的捐助。於是，我現在考慮是否應該做一些真正偉大而有意義的慈善事業呢？這對於我這個一直篤信基督的人來說，也是很好的一件事情。但具體要做什麼，我還在進一步考慮。眼下，這些瑣碎的請求已經搞得我有些無計可施了，我需要喘口氣。

當然，在我捐助的過程中，我仍舊有自己的原則：

第一，若捐給學校，我拒絕捐助校舍的興建及日常開銷，而要把錢放在學校的基金會上。

第二，我不喜歡任何學校或組織將所有經費來源的期望全放在我身上，因為我並非他們的救世主。

第三，當我發現捐贈與學校、機關和醫院的錢未被好好利用時，我就會轉而將錢投入有組織的社會團體。浸禮教育團體就替我安排了很多項真正需要的款項。

第四，我每次都希望我的捐款能成為一種拋磚引玉的行為。

最後，除非受益人能證明該項捐款能用於正途，並且用得經濟有效率，否則我不會輕易允諾捐贈。

有許多人說，我的這五條捐款原則似乎和我的經濟原則有關，但對於我來說，我認為這是非常必要的。因為我必須把我的錢送到真正需要幫助的地方，而且送到能夠最大限度地幫助許多人的地方。所以，我想我的下一個目標，也許會更大，也許會是教育。

我從不認為我的財富是僅憑一己之力賺取的，人們都知道我是一個白手起家的人，我認為我的財富是神賜的，所以我想我以及許多人都應該善用財富。不能好好利用財富，它就會變成一項負擔。利用財富勝於擁有財富。

記得愛默生曾經說過：「金錢是一定數量的玉米和其他商品的代表。它是這麼多溫暖，這麼多麵包。」我想，現在是將這些玉米和麵包分享出去的時候了。我認為一個人的富有程度，和他能放手出去多少事物成正比。將愛心傳播於他人，是一件頗有價值的事，這件事對施予者自己也有好處，「眾人一起快樂，會使喜悅加倍又加倍。因此，喜悅照亮我的朋友，也會彈回到我身上，他的蠟燭越亮，就會更容易照亮我。」

最後，我想引用《聖經．提摩太前書》中的一句話作為結束，這句話是這樣的：「要囑咐他們行善，在好事上富足，甘心施捨，這樣，他們就為自己積成美好的根基，預備將來，特定那真正的生命。」

愛你的父親

成功講座 411

洛克菲勒
寫給兒子的38封信

海鴿文化出版圖書有限公司 Seadove Publishing Company Ltd.

作者　約翰・戴維森・洛克菲勒
譯者　龍婧、葉盈如
美術構成　騾賴耙工作室
封面設計　九角文化/設計
發行人　羅清維
企劃執行　張緯倫、林義傑
責任行政　陳淑貞

出版　海鴿文化出版圖書有限公司
出版登記　行政院新聞局局版北市業字第780號
發行部　台北市信義區林口街54-4號1樓
電話　02-2727-3008
傳真　02-2727-0603
E-mail　seadove.book@msa.hinet.net

總經銷　創智文化有限公司
住址　新北市土城區忠承路89號6樓
電話　02-2268-3489
傳真　02-2269-6560
網址　www.booknews.com.tw

香港總經銷　和平圖書有限公司
住址　香港柴灣嘉業街12號百樂門大廈17樓
電話　（852）2804-6687
傳真　（852）2804-6409

CVS總代理　美璟文化有限公司
電話　02-2723-9968
E-mail　net@uth.com.tw

出版日期　2024年11月01日　一版一刷
　　　　　2025年02月10日　一版五刷
定價　350元
郵政劃撥　18989626　戶名：海鴿文化出版圖書有限公司

國家圖書館出版品預行編目（CIP）資料

洛克菲勒寫給兒子的38封信 ／ 約翰・洛克菲勒作 ；
龍婧, 葉盈如譯. -- 一版. -- 臺北市 ： 海鴿文化，
2024.11　面 ；　公分. --（成功講座；411）
ISBN 978-986-392-540-8（平裝）

1. 成功法　2. 企業經營

177.2　　　　113015277